창세기 2장

아버지의 뜻 (마음) - 2권

창세기 2장
아버지의 뜻(마음) - 2권

초판 1쇄 인쇄일 2018년 4월 12일
초판 1쇄 발행일 2018년 4월 19일

지은이 김희중
펴낸이 양옥매
교 정 임수연 장인순

펴낸곳 도서출판 책과나무
출판등록 제2012-000376
주소 서울특별시 마포구 방울내로 79 이노빌딩 302호
대표전화 02.372.1537 **팩스** 02.372.1538
이메일 booknamu2007@naver.com
홈페이지 www.booknamu.com
ISBN 979-11-5776--543-0(03230)

이 도서의 국립중앙도서관 출판시도서목록(CIP)은 서지정보유통지원 시스템 홈페이지(http://seoji.nl.go.kr)와 국가자료공동목록시스템(http://www.nl.go.kr/kolisnet)에서 이용하실 수 있습니다.
(CIP제어번호 : CIP2018009300)

· 창세기 2장 ·

아버지의 뜻

(마음)

2권

· 김희중 지음

책과나무

차 례

•

1권(창세기 1장)부터 보시기를 원하지만 외우라고 말씀드리는 것이 아닙니다. 그리고 2장도 왜 그런지 3장에서 계속 말씀드리겠으니 외우라고 말씀드리는 것이 아닙니다.

예수는 '너희'라면서 나와 님에게 말합니다. 이 죄인이 감히 '우리'나 '나''님'이라 말하는 것은 나와 님이 그 위치(상황)에 있기 때문입니다.

시험은 함정을 파고 답을 아는지 확인하는 것입니다. 시험하는데 답을 찾지 못하면 함정에 빠져야 합니다. 시험이 무엇인지 모르면 함정에 빠져 시험에 든 자가 됩니다.

시험에 들면 함정에 빠졌음을 모릅니다. 시험 당함을 모르면 시험에 든 것을 모릅니다. 시험 당함을 모르면 함정에 빠진 것임을 알아야 합니다.

동산에서 일어난 일은 하루가 천년같이 있었던 것입니다.

달은 보면 저녁과 아침은 낮과 밤의 가운데에서 하루가 없습니다. 동산은 해가 뜨는 아침에 있기에 하루가 없는 산입니다. 아담은 하루가 없는 산에서 하루가 있는 땅에 있게 된 것입니다.

하나님이 언제 흙으로 사람을 만들었는지 모르지만 아담은 동산에서 땅에 있게 됩니다. 아담이 얼마나 동산에 있었는지 모르지만 언제 땅에 있게 되었는지 성경에 그 족보가 기록되어 있으니 어느 정도 알 수 있습니다.

할아버지가 20세에 아버지를 낳고 아버지는 20세에 나를 낳고 나는 지금 20세입니다. 그러면 할아버지부터 나까지 흐른 시간은

20(아버지를 낳음)+25(나를 낳음)+20(내가 살아 있음)=60년입니다. 할아버지가 2000년에 태어나 2020년에 아버지를 낳고 아버지가 20세가 된 2040년에 나를 낳아 20년이 흐른 2060년이 되었으니 할아버지부터 나까지 60년이 흐른 것입니다.

몇 년을 살았는지가 아니라 몇 살에 낳았는지 계산하여야 합니다. 아담이 **130**세에 셋을 셋은 **105**세에 에노스를 에노스는 **90**세에 게난을 게난은 **70**세에 마할랄렐을 마할랄렐은 **65**세에 야렛을 야렛은 **162**세에 에녹을 에녹은 **65**세에 무드셀라를 무드셀라는 **187**세에 라멕을 라멕은 **182**세에 노아를 노아는 **502**세에 셈을 셈은 **100**세에 아르박삿을 아르박삿은 **35**세에 셀라를 셀라는 **30**세에 에벨을 에벨은 **34**세에 벨렉을 벨렉은 **30**세에 르우를 르우는 **32**세에 스룩을 스룩은 **30**세에 나홀을 나홀은 **29**세에 데라를 데라는 **70**세에 아브라함을 아브라함은 **100**세에 이삭을 낳았습니다.

이삭은 BC 1892년경 출생한 것으로 기록되어 있습니다. 그러면 130+105+90+70+65+162+65+187+182+502+100+35+30+34+30+32+30+29+70+100=2048+1892에 현재 연도를 더하면 0000년이 됩니다. 아담이 땅에 있게 된 것은 0000년이기에 동산으로 들어가기 전과 동산에 있던 시간은 하루가 천년같이 있었던 것임을 마음으로 알아야 합니다.

•

함정을 파는 자는 자신이 꾸민 계획을 숨깁니다.

시험하는 자는 꾸민 계획을 함정으로 파고 꿥니다. 시험하는 자는 함정을 파고 원하는 일을 이루려 합니다. 우리는 시험하는 자가 판 함정(시험하는 자가 꾸민 계획)에 빠져 있음을 알아야 합니다.

시험하는 자는 자신이 꾸민 계획(음모)을 숨김

↓

시험하는 자는 원하는 일을 이루려고 정신을 차리지 못하게 함	⇒	시험에 들면 시험하는 자가 원하는 일을 이루려고 함정(시험하는 자가 꾸민 계획)에 빠진 것임
시험하는 자는 죽이려고 함정을 파기에 자신의 속(마음)을 숨김	⇒	시험에 들면 죽이려고 일하는 자를 가리켜 살리려고 일하는 자라고 헛소리를 하게 됨

1. 시험에 들지 않으려면 시험하는 자가 꾸민 일을 알아야 합니다.

시험에 들게 하지 말고 다만 악에서 구하여 달라고 말합니다. 시험에 들면 악에 있는 것이기에 시험하는 자가 꾸민 일을 알아야 악에 있지 않게 된다는 것입니다.

시험하는 자가 꾸민 일(계획)을 알아야 시험에 들지 않음

↓

시험에 들게 하지 말고 다만 악에서 구하여 달라고 말함	⇒	시험에 들지 않으면 악에 있는 것이 아님
시험하는 자가 꾸민 일(계획)	⇒	악에 있지 않으려면 시험하는

을 모르면 악에 있는 것임	자가 꾸민 일(계획)을 알아야 함

시험하는 자가 꾸민 일(계획)을 모르면 악에 있는 것입니다.

시험하는 자가 꾸민 일(계획)은 무엇인가요? 예수는 우리에게 하늘에서 살아 계신 아버지라고 말합니다. 그리고 우리를 하늘에서 살아 계신 아버지에게 인도하려고 왔습니다. 그러면 시험하는 자가 꾸민 일(계획)은 우리를 하늘에서 살아 계신 아버지에게 가지 못하게 하려는 것입니다.

시험하는 자가 꾸민 일(계획)을 모르면 악에 있는 것임

↓

예수가 아버지는 하늘에서 살아 계신다고 말함	⇒	예수는 우리에게 아버지를 떠난 탕자(아들)라고 말함
예수는 우리를 하늘에서 살아 계신 아버지에게 인도하려고 왔음	⇒	시험하는 자가 꾸민 일(계획)은 우리를 하늘에서 살아 계신 아버지에게 가지 못하게 하려는 것임

요한복음 6:63 살리는 것은 영이니 육은 무익하니라 내가 너희에게 이른 말은 영이요 생명이라

내가 너희에게 이른 말은 영이요 생명이라 합니다. 우리에게 가르쳐준 말은 육체가 아닌 영을 살리는 생명이라 합니다. 예수가 가르쳐준 말이 영을 살리는 생명임을 모르면 우리는 시험에 들어 악에 있는 것입니다.

예수는 내가 너희에게 이른 말은 영이요 생명이라 함

↓

우리에게 가르쳐준 말은 육체가 아닌 영을 살리는 생명이라 함	⇒	예수가 가르쳐준 말이 영을 살리는 생명임을 모르면 시험에 들어 악에 있는 것임

하늘에서 살아 계신 아버지에게 돌아가지 않으려하면 시험에 들어 악에 있는 것입니다. 우리가 예수가 가르쳐준 말이 영을 살리는 생명임을 모르면 우리는 아버지에게 돌아가지 않으려고 시험에 들어 악에 있는 것입니다. 그러면 우리를 시험하는 자가 판 함정은 하늘에서 살아 계신 아버지에게 돌아가지 못하게 영을 살리지 못하게 하려는 것임을 알아야 합니다.

2. 마태 24:14 이 천국 복음이 모든 민족에게 증거 되기 위하여 온 세상에 전파되리니 그제야 끝이 오리라

성경이 온 땅에 퍼지면 나라와 민족에 상관없이 시험(함정)은 우리 모두에게 있게 됩니다. 시험(하늘에서 살아 계신 아버지에게 돌아가지 못하게 함)이 우리 모두에게 있음을 가르쳐주려고 천국 복음이 모든 민족에게 증거 되어야 한다고 말한 것입니다.

아버지를 모르면 아버지에게 돌아가지 못합니다. 아버지가 하늘에서 살아 계심을 모르면 아버지에게 돌아가지 못합니다. 아버지가 하늘에서 살아 있음을 가르쳐주지 않으면 우리는 하늘로 돌아가지 못합니다. 그러나 아버지는 자신이 하늘에서 살아 있음을 나타냈기에 우리가 하늘로 돌아가지 못하면 그 책임은 우리 자신에게 있습니다.

천국은 하늘나라이고 하늘나라는 아버지의 집입니다.

천국 복음은 하늘나라(아버지의 집)에서 나오는 말이기에 아버지가 하시는 말씀입니다. 천국 복음은 하늘에서 살아 계신 아버지가 나의 집으로 돌아오라는 말씀입니다.

천국은 하늘나라이고 하늘나라는 아버지의 집임을 알아야함

↓

천국 복음은 하늘나라(아버지의 집)에서 나오는 말이기에 아버지가 하시는 말씀임	⇒	천국 복음은 하늘에서 살아 계신 아버지가 나의 집으로 돌아오라는 말씀임

마태 19:23 예수께서 제자들에게 부자는 천국에 들어가기가 어려우니라 24 다시 너희에게 말하노니 낙타가 바늘귀로 들어가는 것이 부자가 하나님의 나라에 들어가는 것보다 쉬우니라

부자는 하나님의 나라로 들어가기에 천국으로 들어가지 못함

↓

낙타가 바늘구멍으로 들어감	⇒	부자가 하나님의 나라로 들어가는 것보다 낙타가 천국으로 들어가는 것이 쉬움
가난한 자를 낙타라고 비유로 말한 것임	⇒	천국(아버지 나라)의 문을 바늘구멍이라고 비유로 말한 것임
천국으로 들어가는 자는 가난한 자라고 비유로 말함	⇒	부자가 가는 곳은 천국(하늘 나라)이 아니라고 비유로 말함
가난한 자는 사막에서 천국으로 들어감	⇒	부자가 들어가는 하나님의 나라는 하늘이 아니라고 말한 것임

낙타는 사막에 있기에 가난한 자는 목의 갈증을 풀려고 물을 찾습니다. 가난한 자가 천국으로 들어가려면 천국 복음을 듣고 갈증을 풀어야 합니다. 그러면 마음으로 아버지가 하늘에서 살아 계심을 알고 육체가 아닌 영을 살리는 가난한 자가 천국 복음을 듣고 천국으로 들어간다고 말한 것입니다.

낙타가 바늘구멍으로 들어간다고 말합니다.

낙타가 들어가는 문이 바늘구멍으로 보이는 것입니다. 낙타도 들어가는 문이 바늘구멍으로 보이는 것은 멀리 있기 때문입니다. 그러

면 마음으로 하늘에서 살아 계신 아버지에게 영을 살려 달라하면 쉽게 천국으로 들어간다고 말한 것입니다.

낙타가 바늘구멍으로 들어간다고 말함

↓

낙타가 들어가는 문이 바늘구멍으로 보인다고 비유로 말함	⇒	낙타도 들어가는 문이 멀리 있기에 바늘구멍으로 보임

천국 복음이 온 세상에 전파되어야 끝이 온다고 말합니다.

천국 복음은 예수가 가르쳐준 말(진리)입니다. 그런데 예수가 가르쳐준 말(진리)은 성경에 기록되어 있습니다. 그러면 예수가 가르쳐준 말(진리)이 있음을 모든 사람이 알면 끝이 온다고 말한 것입니다.

천국 복음은 예수가 사람들에게 가르쳐준 말(진리)임

↓

예수가 가르쳐준 말은 성경에 기록되어 있음	⇒	예수가 가르쳐준 말이 있음을 모든 모든 사람이 알면 끝이 온다고 말함
예수는 하늘에서 살아 계신 아버지가 돌아오라 한다고 가르쳐줌	⇒	예수를 알면 천국 복음을 모른다고 말하지 못함

3. 예수는 내가 아들임을 아버지가 증거해 준다고 말합니다.

요한복음 5:36 내게는 요한의 증거보다 더 큰 증거가 있으니 아버지께서 내게 주사 이루게 하시는 역사 곧 나의 하는 그 역사가 아버지께서 나를 보내신 것을 나를 위하여 증거하는 것이요

요한의 증거보다 더 큰 증거가 있으면 요한의 증거는 증거가 아닙니다. 예수는 “요한이 내가 누구인지 말한 것은 증거가 아니니 믿지 말라”한 것입니다.

예수는 나에게 요한의 증거보다 더 큰 증거가 있다고 말함		
↓		
요한이 내가 누구인지 말한 것은 증거가 아니니 믿지 말라한 것임	⇒	아버지께서 나를 보내신 것을 증거한다고 말함
나를 보낸 자는 하나님이 아니라 아버지라 한 것임	⇒	나는 하나님 아들이 아니라 하늘에서 살아 계신 아버지 아들이라 함

아버지가 내게 주어 이루게 하는 일이라고 합니다.

내가 하는 일이 아버지가 하는 일이라고 합니다. 내가 가르쳐주는 말이 아버지가 하는 말이라고 합니다. 내가 가르쳐주는 말은 아버지가 이루는 일이기에 아버지가 나를 보냈음을 나를 위하여 증거해 준다한 것입니다.

내가 하는 일이 아버지가 하는 일이라고 말한 것임		
↓		
내가 하는 말이 아버지가 하는 말이라고 말한 것임	⇒	내가 가르쳐주는 말이 아버지가 이루는 일이라고 말한 것임
아버지가 이루는 일을 하기에 아버지가 나를 보냈음을 증거해 준다고 말함	⇒	아버지께서 이루는 일은 하늘에서 살아 있는 나에게 돌아와 쉬라는 것임

내가 하는 일로 아버지가 나를 위하여 증거한다고 말합니다.

내가 하는 일은 아버지가 나를 살리는 증거라고 말한 것입니다. 하늘에서 살아 계신 아버지가 영을 살리는 분임을 가르쳐주기에 아버지가 나의 영을 살렸음을 증거해 준다고 말한 것입니다.

아버지가 나를 위하여 증거하면 아버지는 자신을 위하여 증거하지 않습니다. 아버지는 자신이 살아 있음을 나타내려고 나의 영을 살리지 않는다한 것입니다. 아버지는 자신을 위하여 우리의 영을 살리지 않기에 예수가 마음으로 육체가 아닌 영을 살리라한 것입니다.

아버지는 우리에게 일을 시키려고 영을 살리는 것이 아닙니다. 아버지는 우리에게 일을 시키지 않기에 우리가 영을 살리지 않으면 아버지도 영을 살리려고 일하지 않습니다. 아버지는 자신을 위하여 일하지 않기에 우리가 영을 살려야 아버지가 우리를 위하여 영을 살리려 일한다고 말한 것입니다.

아버지는 일을 시키려고 우리의 영을 살려주는 것이 아님

↓

아버지는 우리에게 일을 시키지 않기에 우리가 영을 살리지 않으면 아버지도 영을 살리려고 일하지 않음 ⇒ 아버지는 자신을 위하여 일하지 않기에 우리가 영을 살려야 아버지가 우리를 위하여 영을 살리려 일한다고 말한 것임

아버지의 뜻(마음)을 모르면 아버지가 시킨 일이 아닙니다.

아버지가 모르는 일을 하면 그 결과는 우리가 책임져야 합니다. 아버지의 뜻을 모르면 아버지가 원하지 않는 일이기에 그 결과는 우리가 책임져야 합니다.

예수는 아버지에게 돌아가려고 육체가 아닌 영을 살리면 아버지의 뜻(마음)을 따르는 것이라고 말합니다. 마음으로 아버지에게 돌아가려고 육체가 아닌 영을 살리면 아버지가 책임지고 하늘에서 살아 있는 영으로 만든다고 가르쳐준 것입니다.

아버지의 뜻(마음)을 따르면 당연히 아버지가 책임을 짐

↓

마음으로 영이 살기를 ⇒ 아버지의 뜻(마음)을 따랐기에 아버지

원하면서 아버지에게 돌아가기를 원함	는 반드시 영을 살려 아버지가 있는 하늘에 있게 한다는 것임

우리가 아버지의 뜻(마음)을 모르면 아버지가 책임져야 합니다. 그러나 천국복음(예수가 가르쳐준 말)으로 우리 모두에게 아버지의 뜻(마음)을 나타냈음을 알아야 합니다. 그리고 우리가 시험에 들어 악에 있더라도 아버지는 그 책임을 지지 않음을 알아야 합니다.

시험하는 자의 목적은 함정에 빠지게 하려는 것입니다.

시험하는 자는 자신이 판 함정이 무엇인지 가르쳐주지 않습니다. 시험하는 자는 함정에서 벗어나지 못하게 하려는 목적이 있기에 함정에서 구하지 않습니다. 시험하는 자는 죽이려는 목적을 가지고 함정을 파기에 살리려고 함정에서 구하지 않습니다.

그러나 하늘에서 살아 계신 아버지에게는 영을 살리려는 목적이 있습니다. 그리고 예수가 가르쳐준 말이 기록된 성경(하나님만 살아 있는 영으로 섬기라는 책)이 온 땅에 전파되면 영을 살리려는 아버지의 뜻이 알려진 것입니다.

성경이 온 땅에 퍼졌으니 마음으로 영을 살리지 않으면 하늘에서 살아 계신 아버지에게 돌아가지 못합니다. 마음으로 영을 살리지 않으면 예수가 가르쳐준 말을 알든 모르든 아버지는 책임지지 않는다는 것입니다. 낙타도 들어가는 천국 문을 열지 못하면 이유가 무엇이든 아버지는 책임지지 않음을 알아야 합니다.

•

누가 4:1 예수께서 성령의 충만함을 입어 요단강에서 돌아오사 광야에서 사십 일 동안 성령에게 이끌리시며 / 마태 4:1 그때에 예수께서 성령에게 이끌리어 마귀에게 시험을 받으러 광야로 가사 / 마가 1:12 성령이 곧 예수를 광야로 몰아내신지라

성령으로 잉태되면 육체로 있는 성령입니다. 그런데 하나님의 성령이 육체로 있는 성령에게 임합니다. 그리고 하늘에서 너는 내 사랑하는 아들이라 합니다. 그러나 성령이 예수를 광야에서 사십 일 동안 마귀에게 시험받게 이끕니다.

성령이 마귀에게 예수를 시험하라 시키면 예수는 하나님의 아들이 아닙니다. 예수가 하나님의 아들이 아니기에 예수를 하나님의 아들로 만들려 시험에 들게 한 것입니다. 예수를 시험에 들게 하여 악(하늘에서 살아 계신 아버지에게 돌아가지 못하게 함)에 있게 하려한 것임을 알아야 합니다.

육체(하나님의 형상)에게 하나님이 나의 아들이라 하면 육체(죽은 하나님의 모습)가 아니라 살아 있는 영(하나님의 모습)이라한 것입니다. 그런데 예수는 육체가 아닌 영을 살리라 하였으니 육체(죽은 하나님의 모습)를 살려 살아 있는 하나님의 모습이 되지 말라한 것입니다. 그리고 영을 살리라고 말하면 생기로 살아 있는 영(하나님의 모습)은 살아 있는 영이 아니라한 것입니다.

1. 예수는 하늘에서 살아 계신 아버지라고 말합니다.

아버지가 하늘에서 살아 계시면 하나님은 하늘에서 죽은 것입니다.

하나님은 하늘에서 죽었지만 허공(아버지가 없는 하늘)에서 살아 있습니다. 그러면 예수는 허공에서 살아 있는 하나님의 아들(모습)이 되지 말고 하늘에서 살아 계신 아버지의 아들(모습)이 되라한 것입니다.

예수는 하늘에서 살아 계신 아버지라고 말함

↓

아버지가 하늘에서 살아 계시면 하나님은 하늘에서 죽은 것임	⇒	하나님은 허공(아버지가 없는 하늘)에서 살아 있음
허공에서 살아 있는 하나님 아들(모습)이 되지 말라함	⇒	예수는 하늘에서 살아 계신 아버지 아들(모습)이 되라한 것임

성령이 마귀에게 예수를 시험하라 시킵니다.

마귀는 예수를 시험하면서 나를 주인으로 섬기라고 말합니다. 그런데 마귀가 하나님의 아들을 종으로 만들면 하나님을 멸시하는 것입니다. 그러면 예수가 하나님의 아들이 아니기에 성령이 마귀에게 예수를 시험하면서 너의 종으로 만들라고 시킨 것입니다.

성령이 마귀에게 예수를 시험하라고 시킴

↓

하나님이 예수를 나의 아들이라고 말함	⇒	마귀는 예수를 시험하면서 나를 주인으로 섬기라고 말함
마귀가 하나님 아들을 종으로 만들면 하나님을 멸시한 것임	⇒	예수가 하나님 아들이 아니기에 마귀에게 종으로 만들라한 것임

마귀는 예수를 시험하면서 성령이 시키는 일을 한 것입니다.

예수가 마귀의 시험을 이깁니다. 예수는 하나님이 꾸민 일(계획)을 알기에 시험에 들지 않고 시험을 이긴 것입니다. 시험하는 자에게 지면 종이 되기에 하나님의 종이 되지 않으려면 하나님이 꾸민 일(계획)을 알아야 합니다.

시험하는 자에게 지면 종이 되어야 함

↓

시험하는 자를 이기려면 꾸민 계획을 알아야 함	⇒	시험하는 자가 꾸민 일(계획)을 알아야 시험에 빠지지 않음
하나님은 사탄(마귀)에게 시험하라고 시킴	⇒	시험을 이기면 하나님이 꾸민 일(계획)이 드러나게 됨
하나님은 사탄(마귀)의 뒤에 숨어 시험을 함	⇒	시험을 이긴 자가 있으면 하나님은 자신이 꾸민 계획을 숨기려고 함

2. 하나님은 사탄에게 욥을 시험하라 시킵니다.

욥기 1:5 욥이 아침에 일어나서 번제를 드렸으니 욥의 행사가 항상 이러하였더라 8 여호와께서 사탄에게 네가 내 종 욥을 주의하여 보았느냐 그와 같이 온전하고 정직하여 하나님을 경회하며 악에서 떠난 자가 세상에 없느니라 12 여호와께서 사탄에게 내가 그의 소유물을 다 네 손에 붙이노라 오직 그의 몸에는 네 손을 대지 말지니라 2:6 여호와께서 사탄에게 내가 그를 네 손에 붙이노라 오직 그의 생명은 해하지 말지니라

번제를 드리면 제사장입니다. 하나님은 욥을 악에서 떠난 나의 종이라 합니다. 욥은 악에서 떠나 하나님을 주인으로 섬기는 의인(하나님의 제사장)입니다.

하나님이 사탄에게 욥(악에서 떠난 하나님의 종)을 시험하라 시켰기에 사탄은 하나님을 대적한 것이 아닙니다. 하나님이 사탄에게 욥(악에서 떠난 하나님의 종)을 시험하라 시키면 하나님은 사탄에게 시험하는 권세를 주고 욥에게 보낸 것입니다.

욥은 사탄에게 두 번의 시험을 당합니다.

사탄에게 욥의 소유물을 다 네 손에 붙인다고 말합니다. 부자인 욥의 소유물을 네 마음대로 하되 몸에는 손을 대지 말라고 시킵니다. 그러면 하나님이 사탄에게 욥을 치라고 시킨 것이기에 하나님이 욥을 치는 것임을 알아야 합니다.

욥은 재산이 없는 자가 되었지만 구걸을 하지 않았습니다. 욥은 가난한 자가 되어 하나님을 원망하지 않았습니다. 욥은 가난한 자가 되었지만 하나님을 섬기면서 악에 있는 하나님의 종이 되지 않았습니다.

욥은 재산이 없는 자가 되었지만 구걸을 하지 않음

↓

욥은 가난한 자가 되었지만 하나님을 원망하지 않음 ⇒ 욥은 하나님을 섬기면서 악에 있는 하나님의 종이 되지 않음

하나님은 다시 욥을 네 손에 붙이지만 생명은 해하지 말라 합니다.

가난한 욥의 몸을 네 마음대로 하되 육체를 죽이지 말라고 시킵니다. 가난한 욥을 병든 육체로 만들어 구걸하는 거지로 만들라고 시킨 것입니다.

그러나 욥은 병든 육체가 되어 하나님을 원망하지만 하나님을 떠나지 않습니다. 병든 육체가 하나님을 원망하면서 하나님을 떠나지 않으면 하나님에게 육체를 고쳐 달라 매달린 것입니다. 욥은 병든 육체가 되어 하나님에게 몸을 고쳐달라면서 육체의 생명을 구걸하는 거지가 된 것입니다.

욥은 영이 병든 것이 아니라 육체가 병든 가난한 자가 됨

↓

욥은 하나님에게 병든 육체 ⇒ 욥은 하나님에게 육체의 생명을

를 고쳐달라는 가난한 자임	구걸하는 거지가 됨
욥은 병든 영을 고쳐달라는 ⇒	욥은 영의 생명을 구하는 가난한
가난한 자가 아님	자가 아님

욥기 42:8 내 종 욥에게 가서 너희를 위하여 번제를 드리라 내 종 욥이 너희를 위하여 기도할 것인즉 10 욥이 그의 친구들을 위하여 기도할 때 여호와께서 욥의 곤경을 돌이키시고 욥에게 이전 모든 소유보다 갑절이나 주신지라

하나님은 병든 몸을 고친 것이지 영원히 사는 육체로 만든 것이 아닙니다. 그리고 사탄에게 의인(악에서 떠난 하나님의 종)을 병든 육체로 만들라고 시켰으니 병 주고 약 주는 자입니다.

부자인 욥을 병든 가난한 육체로 만들고 다시 건강한 부자로 만듭니다. 하나님은 욥이 의인(악에서 떠난 하나님의 종)인지 확인하려고 병 주고 약 주는 일을 꾸민 것입니다. 그리고 사탄에게 일을 시키면서 "사탄은 죽이지만 나는 살리기에 선하다"고 미혹한 것입니다.

사탄은 하나님을 섬기지 못하게 하려고 일합니다. 사탄은 시험하지만 하나님이 그 일을 하라고 시킨 것입니다. 하나님은 시험에 들어 악에 있게 하려고 사탄(마귀)을 욥과 예수에게 보낸 것이기에 시험하는 자는 하나님입니다.

욥은 부자가 되었지만 예수는 부자가 되지 않습니다.

욥은 번제를 드리는 제사장이 되었지만 예수는 번제를 드리지 않았으니 제사장이 아닙니다. 욥은 의인으로 시험을 당하고 다시 번제를 드리는 의인(악에서 떠난 하나님의 종)이 됩니다. 그러나 예수는 시험을 당하고 번제를 드리지 않았으니 의인(악에서 떠난 하나님의 종)이 아닙니다.

하나님이 욥과 예수를 시험함

↓

욥은 시험을 당하고 번제를 드리는 제사장이 됨	⇒	예수는 시험을 당하고 번제를 드리는 제사장이 되지 않음
욥은 의인(악에서 떠난 하나님의 종)으로 시험을 당하고 다시 의인이 됨	⇒	예수는 하나님의 아들로 시험을 당하였지만 하나님을 섬기지 않았으니 하나님의 아들이 아님

예수가 하나님의 아들이기에 제사장의 일을 하지 않았다고 말하면 어떻게 되는가요? 하나님의 아들은 하나님을 섬기면서 번제를 드리는 제사장의 일을 하지 않는다고 말하는 것입니다. 그러면 번제를 드리는 제사장의 일을 하지 않으면서 하나님을 섬기는 자들은 자신을 하나님의 아들이라고 하는 자입니다.

번제를 드리는 제사장의 일을 하지 않으면 하나님을 섬기지 않는 것입니다. 하나님을 섬기면서 번제를 드리는 제사장의 일을 하지 않으면 하나님을 섬기지 않는 것입니다. 그러면 하나님을 섬기면서 번제를 드리는 제사장의 일을 하지 않는 자들은 하나님의 아들이 아니면서 자신을 하나님의 아들이라고 꾀는 자입니다.

욥은 시험을 이긴 것일까요?

욥이 시험을 당한 이유가 무엇인가요? 의인(악에서 떠난 하나님의 종)인지 확인한 것입니다. 시험에 빠지면 하나님을 섬기지 않아야 하지만 하나님이 욥에게 나의 종이라 하였으니 욥은 시험을 이긴 하나님의 종입니다.

그런데 시험을 당하고 변한 것이 없으면 시험을 이긴 것이 아닙니다. 욥은 시험을 이긴 것이 아니기에 시험에 들어 악에 있는 것입니다. 그러면 의인(악에서 떠난 하나님의 종)은 시험에 들어 악에 있는 자입니다.

하나님이 욥을 종이라 함	⇔	하나님이 예수를 아들이라 함
↓		
시험을 하면서 죽는 고통을 당하는 육체로 만듦	⇔	시험을 하면서 죽는 병에 걸린 영으로 만들려고 한 것임
욥은 하나님에게 육체의 생명을 구걸함	⇔	예수는 육체가 아닌 영을 살렸기에 육체와 영의 생명을 구걸하지 않음
하나님이 병든 몸을 고쳤지만 육체가 죽음	⇔	하나님은 육체와 영을 살리지 않는다고 가르쳐준 것임
↓		
하나님이 다시 종이라 함	⇔	하나님은 아들이라 말하지 않음
하나님을 유일한 신으로 섬기는 의인이 됨	⇔	예수는 육체가 아닌 영을 살렸으니 하나님을 섬기는 의인이 아님
욥은 처음처럼 있기에 시험을 이긴 자가 아니라 시험에 들어 악에 있는 자임	⇔	예수는 시험에 들어 시험을 이긴 것임

욥이 시험을 이긴 자이면 우리에게 시험에 들라는 것입니다.

마귀는 예수에게 재물과 권세를 주겠다하고 사탄은 욥의 재물과 권세를 빼앗습니다. 마귀는 재물과 권세를 주겠으니 나에게 구걸하라 하였지만 예수는 구걸하지 않았습니다. 마귀는 나를 주인으로 섬기면 재물과 권세를 주겠으니 그것을 받으라고 예수에게 구걸한 것이 됩니다.

사탄이 시험한 욥을 하나님이 권세가 있는 부자로 만듭니다. 하나님은 욥을 권세가 있는 부자로 만들고 시험을 이긴 자라고 미혹한 것입니다. 하나님은 욥을 권세가 있는 부자로 만들고 우리에게 의인(악에서 떠난 하나님의 종)이 되라고 미혹한 것입니다.

하나님은 우리를 의인(악에서 떠난 하나님의 종)으로 만들려고 욥을 시험을 이긴 자로 만듭니다 그러나 우리가 정신을 차리고 하늘에서 살아 계신 아버지를 떠난 아들임을 알면 예수처럼 시험에 들지 않게 된다는 것입니다.

사탄이 시험한 욥을 하나님이 권세가 있는 부자로 만듦

↓

욥을 권세가 있는 부자로 만들어 시험을 이긴 자라고 미혹함	⇒	우리를 하나님의 제사장으로 만들려고 미혹한 것임
우리를 악에 있게 하려고 미혹함	⇒	하늘에서 살아 계신 아버지의 아들임을 알면 시험에 들지 않기에 악에서 벗어남

•

시험을 이겼다고 기록된 것은 예수밖에 없습니다.

예수가 요한의 뒤에 와서 선지자와 율법이 한 말은 요한까지라 합니다. 그런데 선지자와 율법이 하는 말은 하나님만 하늘에서 살아 있는 영이라면서 양자(하나님의 아들)나 의인(악에서 떠난 하나님의 종)이 되라는 것입니다. 그러면 예수는 선지자와 율법이 하는 말을 버렸기에 시험을 이기고 악(하늘에서 살아 계신 아버지에게 돌아가지 못함)에 있지 않는 것입니다.

예수가 오기 전에 사람들에게 탕자(하늘에서 살아 계신 아버지를 떠난 아들)라고 말한 자가 없습니다. 예수가 오기 전에 사람들은 탕자(하늘에서 살아 계신 아버지를 떠난 아들)임을 몰랐던 것입니다. 그러면 예수는 선지자와 율법이 하는 말을 버리지 못하면 탕자(하늘에서 살아 계신 아버지를 떠난 아들)임을 알지 못한다고 가르쳐준 것입니다.

그리고 우리에게 하늘에서 살아 계신 아버지에게 돌아라가고 말합니다. 선지자와 율법이 하는 말을 버리지 않으면 하늘에서 살아 계신 아버지에게 돌아가지 못한다고 가르쳐준 것입니다. 그러면 선지자와 율법이 하는 말을 버리지 못하면 시험에 들어 악(하늘에서 살아 계신 아버지에게 돌아가지 않음)에 있게 된다고 가르쳐준 것입니다.

1. 가족들이 예수를 붙잡아 가두려고 합니다.

마가 3:21 예수의 친속들이 듣고 붙들러 나오니 이는 그가 미쳤다 함이러라 23 예수께서 그들을 불러다가 비유로 말씀하시되 29 누구든지 성령을 모독하는 자는 영원히 사하심을 얻지 못하고 영원한 죄가 되느니라 하시니 30

이는 저희가 말하기를 더러운 귀신이 들렸다 함이러라

친속이란 가족이기에 가족들이 예수를 붙잡으려 합니다. 예수에게 미치고 귀신들렸다 하기에 가족들이 예수를 붙잡으려 합니다. 그러면 가족들은 예수에게 미치고 귀신들렸다면서 예수를 붙잡으려 한 것입니다.

미치고 귀신들린 자의 말은 듣지 않습니다. 예수는 미치고 귀신들렸으니 예수가 가르쳐주는 말(진리)을 듣지 말라한 것입니다. 그리고 예수가 가르쳐준 말(진리)을 깨닫지 말라한 것입니다.

예수를 붙잡아 가두면 아는 것을 가르치지 못하게 하려는 것입니다. 그런데 하나님만 하늘에서 살아 있는 영으로 섬기라고 말하는 자들이 예수를 미치고 귀신들린 자로 만든 것입니다. 그러면 예수를 미치고 귀신들린 자로 만든 것은 예수가 사람들에게 하늘에서 살아 있는 영이 되라고 말하였기 때문입니다.

요한복음 9:22 유대인들이 누구든지 예수를 그리스도로 시인하는 자는 출교하기로 결의하였으므로 그들을 무서워함이러라

출교하기로 결의한 자들이 무서운 것은 성전(교회)에서 권세로 있는 의인이기 때문입니다. 그런데 예수에게 미치고 귀신들렸다 하면서 예수를 그리스도로 시인하면 출교하기로 합니다. 그러면 예수를 그리스도라 하면 예수는 미치고 귀신들렸다고 말하는 것입니다.

예수를 그리스도라고 하면 출교하기로 함

↓

예수에게 미치고 귀신들렸다면서 예수를 그리스도라 하면 출교함 ⇒ 예수에게 그리스도라고 하면 예수는 미치고 귀신들린 자가 맞다고 말하는 것이 됨

예수가 그리스도이면 예수는 미치고 귀신들린 자가 됨	⇒	의인들은 예수를 그리스도로 만들어야 함

예수는 제자들에게 내가 그리스도인 것을 아무에게도 말하지 말라 합니다.

예수가 아무에게도 말하지 말라하였기에 제자들은 예수를 그리스도가 아니라고 하여야 합니다. 예수는 제자들에게 나는 그리스도가 아니기에 미치고 귀신들리지 않았다고 말한 것입니다.

예수는 내가 그리스도인 것을 아무에게도 말하지 말라고 함

↓

제자들은 예수를 그리스도가 아니라고 말하여야 함	⇒	제자들에게 나를 그리스도라 하면서 다니지 말라한 것임
예수는 제자들에게 나는 그리스도가 아니라고 말한 것임	⇒	예수가 나는 미치고 귀신들리지 않았다고 말한 것임

예수로 인하여 출교를 당하면 예수도 출교를 당한 것입니다.

예수를 그리스도라 하면 출교합니다. 그러면 권세들은 예수가 자신을 그리스도라 하기에 예수를 출교한 것입니다. 그러나 예수가 나는 그리스도가 아니라고 하기에 예수가 출교를 당한 것은 미치고 귀신들리지 않았기 때문입니다. 예수가 가르쳐준 말은 진리이지만 미치고 귀신들린 자의 말로 만들려고 예수를 출교한 것임을 알아야 합니다.

예수로 인하여 출교를 당하면 예수도 출교를 당한 것임

↓

예수를 그리스도라 하면 출교함	⇒	권세들은 예수가 자신을 그리스도라 하기에 예수를 출교하였다고 미혹한 것임

예수가 나는 그리스도가 아니라고 말함	⇒	예수가 출교를 당한 것은 미치고 귀신들리지 않았기 때문임
예수가 가르쳐준 말은 진리임	⇒	예수가 가르쳐준 말을 미치고 귀신들린 자의 말로 만들려고 예수를 출교한 것임

의인들은 예수가 미치고 귀신들렸기에 출교하였다고 말합니다. 예수가 미치고 귀신들린 말을 한다고 출교한 것입니다. 의인들은 예수를 미치고 귀신들린 말을 하는 자로 만들어 예수가 가르치는 말을 듣지 못하게 하려한 것입니다. 의인들이 예수가 가르치는 말을 듣지 못하게 하려는 것은 예수가 한 말을 알면 자신들이 무너지기 때문입니다.

의인들이 예수의 말을 하면 어떻게 되는가요?

의인들은 예수를 미치고 귀신들린 자로 만들었기에 예수의 말을 하면 미치고 귀신들린 말을 하는 것입니다. 예수의 말을 하려면 예수는 미치고 귀신들리지 않았다 하여야 하기에 예수가 그러한 말을 하지 않았다고 하여야 합니다. 예수의 말을 하는 의인들은 예수가 하지 않은 말을 하여야 하기에 오히려 자신들이 미치고 귀신들린 자가 되어야 합니다.

의인들은 예수를 미치고 귀신들린 자로 만든 자들임

↓

예수의 말을 하면 자신들이 미치고 귀신들린 자로 만든 자의 말을 하는 것임	⇒	예수의 말을 하려면 예수는 미치고 귀신들리지 않았다고 말하여야 함
예수가 그러한 말을 하지 않았다고 말하여야 함	⇒	의인들은 예수가 하지 않은 말을 하여야 하기에 오히려 자신들이 미치고 귀신들린 말을 하는 자가 됨

의인들이 예수의 말을 하지 않으면 어떻게 되는가요? 예수의 말을 하지 않으면 예수가 미치고 귀신들린 말을 하였다고 한 것입니다. 예수가 한 말을 듣지 말라면서 오히려 자신들이 미치고 귀신들린 말을 하는 것입니다. 그러면 예수의 말을 하거나 하지 않는 의인들은 모두 예수가 가르쳐준 말(진리)을 숨기면서 하나님을 위하여 미치고 귀신들린 말(거짓)을 하는 자들입니다.

2. 예수는 깨달으라고 가족들에게 비유로 말합니다.

누구든지 성령을 모독하면 영원히 사함을 얻지 못하고 영원한 죄가 된다고 말합니다. 의인(악에서 떠난 하나님의 종)도 성령을 모독하면 하나님에게서 사함을 받지 못하기에 영원한 죄에 있게 된다고 말한 것입니다.

예수에게 미치고 귀신들렸다 하면 성령은 어떠한 영인가요? 미쳤다 하면 성령은 미친 영이고 귀신들렸다 하면 성령은 귀신입니다. 예수에게 미치고 귀신들렸다 하면 성령을 미친 영이고 더러운 귀신이라 한 것입니다.

예수가 성령으로 잉태되었음을 아는 자가 누구인가요? 성령으로 잉태되었음을 소문으로 듣지 않아도 아는 자는 가족입니다. 그런데 가족들이 예수에게 미치고 귀신들렸다면서 붙잡으면 성령을 모독하는 것입니다.

가족들이 미치고 귀신들렸다 하면 예수는 성령이 아닙니다.

예수의 가족은 하나님을 섬기는 유대인이고 그리스도를 섬기는 다윗의 후손입니다. 가족이 예수에게 미치고 귀신들렸다 하면 성령을 모독한 것입니다. 그러나 가족은 하나님을 멸시하지 않기에 성령을 모독한 것이 아닙니다. 그러면 가족이 예수를 붙잡아 가두려한 것은 예수가 성령이 아니기 때문입니다.

예수의 가족은 유대인이고 다윗의 후손임

↓

가족이 예수에게 미치고 귀신 들렸다면서 성령을 모독함 ⇒ 가족은 하나님을 멸시하지 않기에 성령을 모독하지 않음

가족이 성령을 모독한 것이 아니면 예수는 성령이 아님 ⇒ 예수가 성령이 아니기에 가족이 예수를 붙잡아 가두려한 것임

예수는 가족들이 내가 성령이 아님을 안다고 우리에게 가르쳐준 것입니다. 그리고 가족들은 내가 하나님의 아들인 그리스도가 아님을 안다고 우리에게 가르쳐준 것입니다.

예수가 가족에게 성령을 모독하지 말라고 말함

↓

가족은 내가 성령이 아님을 안다고 가르쳐준 것임 ⇒ 가족은 내가 하나님의 아들인 그리스도가 아님을 안다고 가르쳐줌

의인들은 하나님의 성령이 임한 예수에게 미치고 귀신들렸다 합니다.

하나님의 성령은 하나님의 영입니다. 의인들은 하나님의 영을 미치고 귀신이라면서 하나님을 멸시합니다. 그런데 붙잡혀 감옥에 갇힌 것은 예수이지 하나님의 영을 미치고 귀신이라면서 하나님을 멸시한 의인들이 아닙니다.

의인들은 하나님을 멸시하지 않은 것이기에 예수에게는 하나님의 영이 임한 것이 아닙니다. 그러면 예수가 성령으로 잉태되지 않았음은 가족이 예수에게 하나님의 영이 임하지 않았음은 의인들이 가르쳐준 것입니다.

의인들은 하나님의 영이 임한 예수에게 미치고 귀신들렸다 함

↓

의인들은 하나님의 영을 미친 영이고 귀신이라면서 하나님을 멸시함	⇒	붙잡혀 감옥에 갇힌 것은 의인들이 아님
의인들은 하나님을 멸시하지 않기에 예수에게는 하나님의 영이 임한 것이 아님	⇒	예수가 성령이 아님은 가족이 예수에게 하나님의 영이 임하지 않았음은 의인들이 가르쳐준 것임

예수에게는 하나님의 영이 임한 것이 아닙니다.

하나님의 영이 임하지 않은 예수가 영을 살립니다. 그러면 예수에게 임한 것은 영을 살리려고 일하는 아버지의 영입니다. 그런데 의인들은 예수에게 미치고 귀신들렸다면서 아버지의 영을 미친 영이고 귀신이라 합니다.

의인들은 아버지의 영을 미친 영이고 귀신이라 하기에 하나님을 멸시한 것이 아닙니다. 그러나 의인은 아버지의 영을 모독하여 아버지에게 죄의 사함을 받지 못하기에 하나님의 집으로 들어가 영원한 죄에 있게 됩니다.

아버지의 영이 임한 예수가 영을 살리면 아버지는 아들을 살립니다. 그런데 의인들은 아들을 살리는 아버지를 미친 영이고 귀신이라 합니다. 그러면 아버지가 아들을 살리지 않아야 정상이라고 한 것입니다.

아버지의 영이 임한 예수가 영을 살리면 아버지는 아들을 살림

↓

의인들은 아들을 살리는 아버지를 미친 영이고 귀신이라 함	⇒	아버지가 아들을 살리지 않아야 정상이라고 한 것임

아들을 죽이는 자는 자신만 살아 있는 영이라는 하나님입니다.

자신의 아들을 죽이면 정상이 아니라 미치고 귀신들린 자입니다. 그러면 의인들은 아들을 죽이는 우리의 하나님이 정상이라면서 미치고 귀신들인 말을 하는 자들입니다.

아버지는 아들을 살리기에 아버지의 영은 진리의 영입니다. 하나님은 아들을 죽이기에 하나님의 영은 거짓의 영입니다. 우리가 양자(하나님의 아들)가 되면 영을 죽여야 하기에 거짓의 영이 임한 것입니다.

그러면 예수는 하늘에서 살아 계신 아버지에게 가기를 원하면 진리에 있다고 말한 것입니다. 그리고 허공에서 살아 있는 하나님에게 가기를 원하면 거짓에 있다고 말한 것입니다.

아버지는 아들을 살리기에 아버지의 영은 진리의 영임

↓

하나님은 아들을 죽이기에 하나님의 영은 거짓의 영임 ⇒ 양자(하나님의 아들)는 하나님의 영인 거짓의 영이 임한 것임

하늘에서 살아 계신 아버지에게 가기를 원하면 우리는 진리에 있는 것임 ⇒ 허공(아버지가 없는 하늘)에서 살아 있는 하나님에게 가기를 원하면 우리는 거짓에 있는 것임

아버지의 영이 임한 예수에게 미치고 귀신들렸다 합니다.

예수를 미치고 귀신들린 자로 만드는 영이 있는 것입니다. 그런데 하나님이 영을 죽이기에 예수를 미치고 귀신들리게 만드는 영은 하나님의 영입니다. 그러면 성령은 예수를 광야에서 시험에 들게 하여 광야에 있는 미치고 귀신들린 자로 만들려한 것입니다.

영을 살리는 예수를 미치고 귀신들린 자로 만드는 영이 있음

↓

영을 죽이는 자는 자신만 살아 있다는 하나님임	⇒	예수를 미치고 귀신들린 자로 만들려고 한 것은 하나님의 영임
성령이 예수를 광야로 이끌어 시험에 들게 함	⇒	아버지의 영이 임한 예수를 광야에 있는 미치고 귀신들린 자로 만들려함

하나님이 나의 아들이라 하면 나의 양자라고 한 것입니다. 하나님은 우리(아버지를 떠난 아들)를 양자(하나님의 아들)로 삼아 아버지에게 돌아가지 못하게 한다는 것입니다. 하나님은 우리(아버지를 떠난 아들)를 미치고 귀신들린 자로 만들어 하늘에서 살아 계신 아버지에게 돌아가지 못하게 한다는 것입니다.

3. 마가 12:41 예수께서 연보 궤를 대하여 앉으사 무리의 연보 궤에 돈 넣는 것을 보실새 여러 부자는 많이 넣는데 44 저희는 다 그 풍족한 중에서 넣었거니와 이 과부는 그 구차한 중에서 자기 모든 소유 곧 생활비 전부를 넣었느니라 하셨더라

예수는 헌금하라고 말하지 않았습니다. 예수는 헌금함 앞에 앉아 구걸한 것이 아닙니다. 그리고 헌금함의 주인은 헌금을 가져가는 자입니다.

예수는 헌금에 손을 대지 않기에 예수를 보고 헌금하면 예수는 구걸하는 거지가 됩니다. 그러나 예수는 헌금을 받지 않았으니 나는 성전(교회)에서 구걸하는 거지가 아니라한 것입니다.

예수 때문에 헌금하면 예수는 교회(성전)에서 어떻게 있는 것인가요? 헌금함의 주인이 예수에게 구걸하라 시킨 것입니다. 예수는 헌

금함 앞에 앉아 교회(성전)에서 나를 팔아 구걸한다한 것입니다. 그리고 헌금함 앞에 앉아 교회(성전)의 상석에 앉은 의인들이 나를 팔아 부자가 되려 한다한 것입니다.

헌금함의 주인은 교회(성전)의 주인이기에 예수는 헌금함 앞에 앉아 교회(성전)의 주인이 아님을 나타낸 것입니다. 그리고 예수는 헌금에 손대지 않았으니 헌금하는 자들에게 나는 너희를 살리려 일하지 않는다한 것입니다.

헌금함의 주인은 헌금을 가져가는 자임

↓

예수는 헌금함 앞에 앉아 교회의 주인이 아니라 함	⇒	헌금하는 자들에게 나는 너희를 살리려고 일하지 않는다한 것임

헌금을 받으면 헌금하는 자를 위하여 일하여야 합니다.

예수는 헌금함 앞에 앉아 나는 헌금하는 자를 위하여 일하지 않는다한 것입니다. 그러면 너희가 마음으로 하늘에서 살아 계신 아버지에게 돌아가기를 원하면 나에게 헌금할 이유가 없다한 것입니다.

헌금을 받으면 헌금하는 자를 위하여 일하는 일꾼이 되어야 함

↓

예수는 헌금함 앞에 앉아 나는 헌금하는 자를 위하여 일하는 일꾼이 아니라고 말한 것임	⇒	마음으로 하늘에서 살아 계신 아버지에게 돌아가기를 원하면 나는 너희를 위하여 일하지 않아도 되니 나에게 헌금할 이유가 없다한 것임

예수가 헌금을 받지 않으면 믿음을 팔지 않은 것입니다.

헌금함 앞에 앉아 돈을 받으려면 팔 물건이 있어야 합니다. 팔 물건이 없기에 헌금함 앞에 앉아 돈을 받지 않은 것입니다. 그리고 성

전(교회)에는 팔 물건이 없기에 돈을 받지 않은 것입니다.

예수는 영을 살리라면서 헌금으로 영을 살리지 못한다한 것입니다. 아버지는 하늘에서 살아 계신다면서 헌금으로 살아 계신 아버지의 아들이 되지 못한다한 것입니다. 천국(하늘나라)으로 들어가라면서 헌금으로 하늘(아버지의 집)로 들어가지 못한다한 것입니다.

예수는 헌금으로 천국으로 들어가는 문을 열지 못한다한 것입니다. 헌금으로 하늘에서 살아 계신 아버지에게 가지 못한다한 것입니다. 마음으로 육체가 아닌 영이 살기를 원하면서 하늘에서 살아 계신 아버지에게 돌아가기를 원하여야 천국으로 들어가는 문이 열린다한 것입니다.

과부는 생활비 전부를 부자는 생활비 일부를 헌금합니다.

예수는 과부와 부자의 헌금을 받지 않았습니다. 과부는 세상에 미련이 없기에 생활비 전부를 하나님에게 헌금합니다. 부자는 세상에 미련이 있기에 생활비를 남기고 하나님에게 헌금합니다. 과부는 하나님의 나라로 들어가기를 원하지만 부자는 세상에 있기를 원하면서 하나님의 나라로 들어가기를 원하지 않습니다.

과부는 세상에 미련이 없기에 하나님의 나라로 들어갑니다. 부자는 세상에 미련이 있기에 땅에 속한 자가 되어 땅을 떠나지 못합니다. 과부는 허공에서 살아 있는 하나님의 나라로 들어가지만 부자는 음부로 들어간다는 것입니다.

그런데 과부의 남편은 죽었기에 무덤에 있습니다. 과부는 죽은 남편을 그리워하면서 무덤으로 들어가기를 원합니다. 과부가 하나님의 나라로 들어가면 하나님은 죽은 영이고 하나님의 집은 무덤입니다. 그러면 과부는 무덤(하나님의 나라)으로 들어가려고 하나님에게 살려 달라고 매달리는 여자입니다.

과부의 남편은 죽은 자	⇔	부자
↓		
하나님에게 생활비 전부를 바쳤기에 세상에 미련이 없는 자임	⇔	생활비를 남기고 바쳤기에 세상에 미련이 있는 자임
허공에서 살아 있는 하나님의 나라로 들어감	⇔	하나님의 나라로 들어가지 못하기에 음부로 들어감
하나님의 나라에서 죽지 않고 살아 있는 죽은 영이 됨	⇔	음부에서 죽지 않고 살아 있는 죽은 육체가 됨

창세기 1:26 하나님이 가라사대 우리의 형상을 따라 우리의 모양대로 우리
가 사람을 만들고 그들로 바다의 물고기와 하늘의 새와 가축과 온 땅과 땅에
기는 모든 것을 다스리게 하자 하시고 27 하나님이 자기 형상 곧 하나님의
형상대로 사람을 창조하시되 남자와 여자를 창조하시고

흙으로 만든 사람을 아담이라고 하겠습니다. 우리는 사람으로 있지만 하늘에서 살아 계신 아버지를 떠난 아들입니다. 우리가 아버지를 떠난 아들이면 아담(흙으로 만들어진 사람)도 아버지를 떠난 아들입니다. 그러면 아버지를 떠난 아들이 흙으로 만들어진 사람에서 육체(하나님의 형상)가 된 것입니다.

우리는 사람으로 있지만 아버지를 떠난 아들임을 알아야함

↓

우리가 아버지를 떠난 아들이면 아담(흙으로 만들어진 사람)도 아버지를 떠난 아들임 ⇒ 아버지를 떠난 아들이 흙으로 만들어진 사람에서 육체(하나님의 형상)가 된 것임

그리고 우리는 하늘에서 살아 있는 영(아버지의 모습)으로 있던 아들입니다. 우리는 왜 살아 있는 영(아버지의 모습)에서 육체(하나님의 형상)가 되었는지 그 과정을 알아야 합니다. 우리는 사람이기에 우리가 아담(흙으로 만들어진 사람)이라 생각하고 드리는 말씀을 보셔야 헷갈리지 않을 것입니다.

1. 무엇을 하겠다하면 속으로 마음먹은 것을 말한 것입니다.

하나님은 자신만 살아 있는 영이라 말하기에 죽지 않으려면 하나님

이 마음먹은 것을 알아야 합니다. 하나님이 속으로 마음으로 먹은 것은 우리의 영을 죽이려는 계획이기 때문입니다. 그리고 예수는 자신이 아는 것을 비유로 말하였으니 영을 살리려면 예수가 무엇을 말하고자 하였는지 알아야 합니다.

하나님이 무엇을 하겠다하면 속으로 마음먹은 것을 말한 것임

↓

하나님은 자신만 살아 있는 영이라 하기에 죽지 않으려면 하나님이 마음먹은 것을 알아야함	⇒	하나님이 속으로 마음먹은 것은 우리의 영을 죽이려는 계획이기 때문임

하나님은 사람을 만들고 모든 땅과 물고기와 새와 땅에 있는 모든 것을 다스리게 하자고 말합니다. 그러면 하나님은 아버지를 떠난 아들을 죽이려고 모든 땅과 그것들을 다스리려면 사람이 되라한 것입니다. 그리고 우리는 하나님의 말에 미혹되어 정신을 차리지 못하면서 아버지를 떠난 아들임을 모르고 사람으로 있는 것입니다.

하나님은 사람을 만들자고 합니다.

탕자는 아버지가 아들이라 말하지 못하는 아들입니다. 아버지가 탕자에게 아들이라 말하지 못하는 것은 탕자가 고아인 사람이 되었기 때문입니다. 그래서 예수가 우리에게 너희는 마음으로 아버지가 하늘에서 살아 계심을 알아야 한다고 말한 것입니다.

하나님이 아버지를 떠난 아들을 사람으로 만들자고 함

↓

이름이 아버지의 아들임	⇒	사람이라는 이름으로 부르자고 함
아버지가 있는 아들임	⇒	아버지가 없는 고아로 만들자고 함
땅에는 아버지가 없음	⇒	아버지 아들로 있지 못하게 하겠다함

하나님이 속으로 마음먹은 것은 자신만 살아 있는 영으로 만들려는 것입니다. 탕자(아버지를 떠난 아들)는 하늘에서 살아 있는 영으로 있었기에 하늘을 떠나도 살아 있는 영입니다.

그런데 자신만 살아 있는 영이라는 하나님이 땅에 있게 된 탕자(아버지를 떠난 아들)를 사람으로 만들겠다고 합니다. 그러면 하나님은 아버지를 떠나 땅에 있게 된 탕자(살아 있는 영)를 사람(죽은 영)으로 만들겠다고 마음먹은 것입니다.

아버지를 떠난 아들을 죽이려면 숨을 쉬면서 살아 있는 영임을 모르게 만들어야 합니다.

우리(아버지를 떠난 아들)를 죽이려면 우리가 숨을 쉬면서 살아 있는 영임을 모르게 만들어야 합니다. 하나님은 우리(아버지를 떠난 아들)를 미혹하여 정신이 혼미한 영으로 만들어야 합니다.

하나님이 우리(아버지를 떠난 아들)를 사람으로 만들겠다고 함

↓

우리는 아버지 모습 ⇒ 아버지 모습으로 있지 못하게 하겠다함

숨을 쉬는 영 ⇒ 숨을 쉬면서 살아 있음을 모르게 하겠다고 함

정신을 혼미하게 만듦 ⇒ 숨을 쉬면서 살아 있는 영임을 모름

↓

하나님은 우리를 사람으로 만들어 영을 죽이려는 계획을 꾸밈

우리는 아버지를 떠났지만 아버지가 있는 아들입니다.

우리에게는 아버지가 있습니다. 우리는 하늘을 떠났기에 아버지는 하늘에 계십니다. 우리는 아버지가 없는 땅에 있지만 아버지가 있는 아들이고 아버지는 하늘에서 살아 계십니다.

우리의 이름은 아버지의 아들입니다. 하나님은 아버지를 떠난 우

리를 사람으로 만들겠다고 합니다. 우리를 아버지의 아들이 아니라 사람이라 부르겠다한 것입니다. 그러면 아버지의 아들인 우리를 사람으로 만들어 아버지가 없는 고아로 만들겠다한 것입니다.

하나님은 우리(아버지를 떠난 아들)를 사람으로 만들겠다고 함

↓

우리를 아버지의 아들이 아니라 사람이라 부르겠다함 ⇒ 우리를 사람이라 불러 아버지가 있는 아들임을 모르게 하겠다함

우리를 아버지가 없는 고아로 만들겠다고 함 ⇒ 우리(아버지를 떠난 아들)가 고아이면 아버지는 하늘에서 죽은 것이 됨

아버지가 하늘에서 죽은 것이 되면 하나님은 하늘에서 살아 있는 것이 됩니다. 하나님은 하늘의 주인이 되려고 우리(아버지를 떠난 아들)를 사람(아버지가 없는 고아)으로 만들어 죽이려는 계획을 꾸민 것임을 알아야 합니다.

우리가 사람(고아)이면 아버지가 죽었다하는 탕자가 됩니다.

우리는 아버지를 떠나 사람(고아)으로 있는 것입니다. 그런데 예수는 아버지가 하늘에서 너희를 기다리고 있기에 너희는 사람(고아)이 아니라고 말합니다. 그러면 아버지가 죽었다면서 사람(고아)으로 있기에 아버지는 하늘에서 살아 계시니 천국(아버지의 나라)으로 돌아가라고 말한 것입니다.

우리는 아버지를 떠나 사람(고아)으로 있음

↓

예수는 아버지가 하늘에서 기다린다고 말함 ⇒ 우리에게 너희는 사람(고아)이 아님을 알아야 한다고 말한 것임

아버지가 하늘에서 살아 계시니 ⇒ 하나님 아들이나 사람으로

아버지에게 돌아가라고 말함 있으면 천국으로 가지 못함

양자(하나님의 아들)가 되려면 사람(고아)이 되어야 하지만 아버지는 하늘에서 살아 있습니다. 아버지는 하늘에서 살아 계시기에 양자(하나님의 아들)나 사람(고아)으로 있으면 천국(아버지의 나라)으로 들어가지 못합니다. 예수는 천국으로 들어가려면 하늘에서 살아 계신 아버지를 떠난 아들임을 알아야 한다고 말한 것입니다.

2. 아버지는 우리가 돌아오기를 기다리고 계십니다.

자녀가 나에게 부모가 아니라면서 떠나면 나의 심정은 어떠할까요? 너는 나의 자녀라 말하면서 돌아오기를 간절히 원하며 기다립니다. 그리고 돌아오면 그동안 당한 고통에서 벗어나 한없는 기쁨으로 넘칩니다.

죽는 병에 걸렸기에 나에게 오라는데 듣지 못하면 나의 마음은 찢어지는 고통을 당합니다. 죽는 병에 걸렸지만 나에게 오지 않고 죽으면 나는 죽는 고통을 당하게 됩니다. 그러나 죽는 고통을 당하면서 나를 찾으면 나는 그 병을 고쳐 살리려고 모든 노력을 다합니다. 그리고 예수는 아버지가 자신에게 주는 것보다 돌아온 탕자에게 더 좋은 것을 준다고 하였으니 판단해 보시기를 원합니다.

하나님을 아버지라 부르면 양자(하나님의 아들)가 된 것입니다.

하나님을 아버지라 부르면 아버지는 죽었다하는 것입니다. 양자(하나님의 아들)가 되면 우리는 아버지가 죽었다면서 하늘을 떠난 것입니다. 우리는 하나님을 하늘의 주인으로 만들려고 하나님을 아버지라 부르면서 하늘에서 살아 계신 아버지의 마음에 칼을 꽂는 것입니다.

그러나 예수는 아버지가 우리를 기다리니 아버지에게 돌아가라고 합니다. 아버지가 우리를 용서하고 기다리니 아버지에게 돌아가라고 합니다. 예수는 아버지의 마음에 칼을 꽂은 우리에게 "아버지가 너의 병든 영을 고쳐 살리려하니 늦기 전에 아버지에게 돌아가라"고 말합니다.

우리는 하늘(아버지의 집)을 떠나 땅에 있음

↓

아버지를 아버지라 부르지 않음	⇒	하나님을 아버지라 부름
아버지가 죽은 고아로 있으면서 아버지의 아들이 아니라함	⇒	양자가 되려고 하나님의 아들이라 함
아버지를 떠나 아버지의 마음에 칼을 꽂음	⇔	하나님을 하늘(아버지의 집)의 주인으로 만들려고 아버지를 떠난 것임

숨을 쉬지 못하는 육체가 되기 전에 아버지를 찾아야 합니다.

살아 있는 자와 시체(죽은 자)의 차이가 무엇인가요? 살아 있는 자는 숨을 쉬지만 시체(죽은 자)는 숨을 쉬지 못합니다. 육체를 살리지 말라는 것은 육체가 숨을 쉬기 때문이고 영을 살리라는 것은 영이 숨을 쉬지 못하기 때문입니다.

영을 살리라는 것은 숨을 쉬지 못하는 영에서 숨을 쉬는 영이 되라는 것입니다. 그런데 숨을 쉬면서 살아 있는 영이 되려면 숨을 쉬는 육체에서 숨을 쉬는 영이 되어야 합니다. 그러나 예수는 육체가 아닌 영을 살리라고 하였기에 육체를 영으로 만들라고 말한 것이 아닙니다.

예수는 영이 육체에서 깊은 잠에 빠져 있으니 잠에서 깨어나라고 말합니다. 잠에서 깨어나라고 말한 것은 숨을 쉬면서 살아 있는 영임을 알라한 것입니다. 그리고 깊은 잠에서 깨어나려면 마음으로 하늘에서 살아 계신 아버지의 아들임을 알아야 합니다. 그러면 영을 살리려면 하늘에서 살아 계신 아버지가 숨을 쉬면서 살아 있는 영임을 알라고 말한 것입니다.

예수는 잠에서 깨어나라고 말함

↓

우리는 육체에서 깊은 잠에 빠져 있는 영임 ⇒ 잠에서 깨어나라고 말한 것은 숨을 쉬면서 살아있는 영임을 알라한 것임

깊은 잠에서 깨어나려면 마음으로 하늘에서 살아 계신 아버지의 아들임을 알아야함 ⇒ 영을 살리려면 하늘에서 살아 계신 아버지가 숨을 쉬면서 살아 있는 영임을 알아야함

육체가 죽기 전에 영을 살리면 되지 않느냐하면 아버지의 뜻을 알면서 행하지 않는 것입니다. 아버지의 뜻을 알면서 행하지 않으면 육체로 있기를 원하는 것이기에 늦기 전에 영을 살려야 합니다.

아버지가 없는 곳에 있기에 영이 죽는 병에 걸린 것입니다.

아버지가 없는 곳은 하나님(빛의 영)이 있는 곳입니다. 아버지를 떠나면 하나님(빛의 영)이 있는 곳입니다. 우리는 아버지를 떠나 자신만 살아 있는 영이라는 하나님(빛의 영)이 주인으로 있는 곳에 있기에 영이 죽는 병에 걸린 것임을 알아야 합니다.

아버지가 없는 곳은 하나님(빛의 영)이 있는 곳임

↓

아버지를 떠나면 하나님이 있는 곳임 ⇒ 자신만 살아 있는 영이라는 하나님과 있으려 하기에 죽는 병에 걸린 것임

영이 죽는 병에 걸려 아버지를 찾지 않기에 아버지는 마음이 찢어지는 고통을 당합니다. 그러나 예수는 영이 죽는 병에 걸린 우리에게

하늘에서 살아 계신 아버지에게 살려 달라하면 아버지가 나에게 주는 것보다 더 좋은 것을 준다고 말합니다.

우리는 아버지를 떠났기에 아버지에게 살려 달라 하여야 합니다.

우리는 아버지를 떠나 아버지가 없는 곳에서 죽게 되었으니 제발 영을 살려 달라 하여야 합니다. 그리고 아버지를 떠나 하나님(빛의 영)이 있는 곳에서 죽게 되었으니 제발 영을 살려 달라 하여야 합니다.

하나님이 있는 곳에서 죽으면 영원히 아버지의 용서를 받지 못하는 하나님의 집에 있어야 합니다. 하나님이 있는 곳에서 죽으면 영을 살리지 않고 쉰 것이기에 하나님의 집에서 영원히 꺼지지 않는 불에 태워지면서 허공(아버지가 없는 하늘)을 밝히는 일을 하여야 합니다.

우리는 아버지를 떠나 영이 죽는 병에 걸림

↓

아버지는 영을 살리려 일하기에 죽는 병에 걸린 영을 고침 ⇒ 하나님은 영을 죽이려 일하기에 영을 죽는 병에 걸리게 함

영을 살리시는 아버지를 찾지 않음 ⇒ 하나님(빛의 영)은 영을 죽이기에 하늘에서 살아 계신 아버지를 찾지 못하게 함

↓

아버지는 아들을 죽인 하나님(빛의 영)을 영원히 용서하지 않는데 영을 살리지 않으면 하나님과 있게 됨 ⇒ 아버지를 찾지 않으면 영원히 꺼지지 않는 하나님의 불에 태워지면서 허공(아버지가 없는 하늘)을 밝혀야 하기에 쉬지 못함

창세기 2:7 여호와 하나님이 흙으로 사람을 지으시고 생기를 코에 불어 넣으시니 사람이 생령이 된지라

흙으로 만든 사람은 남자나 여자가 아닙니다. 그런데 하나님이 창조한 사람은 남자와 여자입니다. 그러면 흙으로 만들어진 사람은 하나님이 창조한 사람이 아닙니다.

하나님이 창조한 사람은 남자와 여자임

↓

흙으로 만들어진 사람은 남자와 여자를 만들기 전에 있었음 ⇒ 아담(흙으로 만들어진 사람)은 하나님이 창조한 사람이 아님

1. 하나님이 창조한 사람은 남자와 여자입니다.

아담(흙으로 만들어진 사람)은 하나님이 창조한 사람이 아닙니다. 아담(흙으로 만들어진 사람)은 하나님이 창조하지 않았기에 원래부터 있던 것입니다. 아담(흙으로 만들어진 사람)은 하나님이 창조하지 않았고 처음부터 있었기에 탕자(아버지를 떠난 아들)를 사람으로 만든 것입니다.

아담(흙으로 만들어진 사람)은 하나님이 창조한 사람이 아님

↓

아담(흙으로 만들어진 사람)은 하나님이 창조하지 않았기에 원래부터 있던 것임 ⇒ 창조하지 않았는데 처음부터 있었다면 아담(흙으로 만들어진 사람)은 아버지를 떠난 아들임

아담(흙으로 만들어진 사람)을 생령으로 만들었다고 말합니다.

생령은 살아 있는 영입니다. 사람을 살아 있는 영으로 만들면 아담(흙으로 만들어진 사람)은 죽은 영입니다. 그런데 아버지를 떠난 아들을 사람으로 만들었으니 살아 있는 영을 죽은 영으로 만든 것이 됩니다.

하나님이 흙으로 만들어진 사람을 생령으로 만들었다고 말함

↓

생령은 살아 있는 영임 ⇒ 사람을 살아 있는 영으로 만들면 아담(흙으로 만들어진 사람)은 죽은 영임

아버지를 떠난 아들이 흙으로 만들어진 사람이 됨 ⇒ 아버지를 떠난 아들이 살아 있는 영이기에 죽은 영으로 만든 것임

하나님은 왜 아버지를 떠난 아들을 죽은 영으로 만든 것일까요?

하나님은 하늘의 주인이 되려다 아버지를 떠난 빛의 영입니다. 하나님은 아버지를 떠난 아들을 죽은 영으로 만들어 아버지가 하늘에서 죽었다 하려한 것입니다. 하나님은 아버지를 떠난 아들을 죽은 영으로 만들어 하늘에서 아버지가 죽고 내가 살아 있다한 것입니다.

하나님은 하늘의 주인이 되려다 아버지를 떠난 빛의 영임

↓

하나님은 아버지를 떠난 아들을 죽은 영으로 만들고 아버지가 하늘에서 죽었다 하려함 ⇒ 내가 하늘에서 살아 있다 하려고 아버지를 떠난 아들을 죽은 영으로 만들려는 것임

2. 창조는 전에 없던 것을 새로이 만드는 것입니다.

남자와 여자는 전에 없던 새로운 사람이고 하나님의 형상입니다. 그러면 하나님이 남자와 여자를 만들기 전에 하나님의 형상으로 있

던 사람은 없어야 합니다.

창조는 전에 없던 것을 새로이 만드는 것임

↓

남자와 여자는 전에 없던 사람이고 하나님의 형상임	⇒	남자와 여자의 전에 하나님의 형상으로 있던 사람은 없어야 함

하나님이 흙으로 만든 사람은 하나님의 형상이 아닙니다.

흙으로 만들어진 사람이 하나님의 형상이 아니면 하나님의 모습이어야 합니다. 그런데 하나님이 하늘을 떠나 태초에 만들어진 하늘에 있던 빛을 낮이라 부르면서 자신의 모습인 불(죽은 빛)인 해로 만듭니다. 그러면 하나님은 하늘을 떠나 땅에 있게 된 아버지를 떠난 아들(살아 있는 영)을 사람이라 부르면서 자신의 모습인 우상(죽은 영)으로 만든 것입니다.

하나님이 흙으로 만든 사람은 하나님의 형상이 아님

↓

흙으로 만들어진 사람이 하나님의 형상이 아니면 하나님의 모습임	⇒	하나님은 하늘(아버지의 집)을 떠난 빛을 낮이라 부르면서 하나님의 모습인 불(죽은 빛)인 해로 만듦
하나님은 아버지를 떠난 아들을 사람이라 부르면서 하나님의 모습인 죽은 영으로 만듦	⇒	우리(아버지를 떠난 아들)가 살아 있는 영이기에 하나님이 죽이려 하는 것임을 알아야함

하나님이 흙으로 만든 사람은 우상(죽은 영)입니다.

하나님이 흙으로 만든 사람은 육체(하나님의 형상)가 아니기에 영(하나님의 모습)이지만 죽은 영입니다. 하나님은 아버지를 떠난 아들(살아 있는 영)을 죽은 영(하나님의 모습)으로 만든 것입니다.

남자와 여자는 육체(하나님의 형상)임

↓

하나님이 흙으로 사람을 만들고 생령으로 만들었다고 말함	⇒	하나님이 흙으로 만든 사람은 육체(하나님의 형상)가 아니기에 영(하나님의 모습)이지만 죽은 영임
하나님은 아버지를 떠난 아들(살아 있는 영)을 죽은 영(하나님의 모습)으로 만든 것임	⇒	우리는 죽은 영(하나님의 모습)이 아니라 살아 있는 영(아버지의 모습)임을 알아야함

아버지의 형상은 육체가 아니기에 영이어야 합니다.

아버지의 모습은 숨을 쉬면서 살아 있는 영입니다. 아버지의 형상은 숨을 쉬지 못하는 영이기에 죽은 영입니다.

그런데 죽은 영은 하나님의 모습이기에 아버지의 형상은 하나님입니다. 하나님의 모습은 생기로 있는 생령이기에 아버지의 형상은 생기로 있는 죽은 영입니다. 하나님은 생기로 살아 있기에 숨을 쉬지 못하는 영인 아버지의 형상임을 알아야 합니다.

하나님의 형상은 육체임

↓

아버지의 형상은 육체가 아니기에 영이어야 함	⇒	아버지의 모습은 숨을 쉬면서 살아 있는 영임
아버지의 형상은 숨을 쉬지 못하는 영이기에 죽은 영임	⇒	죽은 영은 하나님의 모습이기에 아버지의 형상은 하나님임
하나님의 모습은 생기로 있는 생령이기에 아버지의 형상은 생기로 있는 죽은 영임	⇒	하나님은 생기로 살아 있기에 숨을 쉬지 못하는 영인 아버지의 형상이라는 것임

하나님이 아버지이면 흙으로 만들어진 사람은 어떻게 되는가요?

하나님이 아버지이면 육체(남자와 여자)는 아버지의 형상이 됩니다. 하나님이 아버지이면 흙으로 만들어진 사람은 아버지의 모습이 됩니다. 하나님이 아버지이면 아버지의 모습은 죽은 영이기에 아버지는 하늘에서 죽은 자가 됩니다. 우리가 하나님을 아버지라 부르면 하늘에서 살아 계신 아버지를 죽었다 하는 것이기에 천국으로 들어가지 못함을 알아야 합니다.

하나님이 아버지이면 육체(남자와 여자)가 아버지의 형상이 됨

↓

하나님이 아버지이면 흙으로 만들어진 사람은 아버지 모습이 됨 ⇒ 하나님이 아버지이면 아버지의 모습은 죽은 영이기에 아버지는 하늘에서 죽은 자가 된다는 것임

우리가 하나님을 아버지라 하면 하늘에서 살아 계신 아버지를 죽었다고 하는 것이 됨 ⇒ 우리는 아버지가 하늘에서 계신다고 하여야 천국으로 들어가게 된다는 것임

3. 하나님이 사람의 코에 생기를 불어넣어 생령으로 만들었다고 말합니다.

생기는 살아 있는 기이고 생령은 살아 있는 영입니다. 하나님이 아담(흙으로 만들어진 사람)에게 생기(살아 있는 기)를 주고 생령으로 살렸다고 말합니다. 아담(흙으로 만들어진 사람)이 죽은 영이기에 살리려 생기를 주고 생령(살아 있는 영)으로 만들었다고 말한 것입니다.

생기는 살아 있는 기이고 생령은 살아 있는 영임

↓

아담(흙으로 만들어진 사람) ⇒ 아담(흙으로 만들어진 사람)이

에게 생기(살아 있는 기)를 주고 생령으로 살렸다함 ⇒ 죽은 영이기에 생기를 주고 살렸다고 말한 것임

그런데 아담(흙으로 만든 사람)은 아버지를 떠난 아들입니다.

아담(아버지를 떠난 아들)이 죽은 영이면 하나님이 생기를 주고 생령으로 살렸다한 것은 거짓이 아닙니다. 그러나 아담(아버지를 떠난 아들)을 죽이려하면 하나님이 생령으로 살렸다한 것은 거짓입니다. 하나님이 아담(흙으로 만들어진 사람)을 생령으로 만들고 죽이려하면 생령으로 살렸다한 것은 거짓이라는 것입니다.

하나님이 흙으로 만든 사람은 아버지를 떠난 아들임

↓

아버지를 떠난 아들이 죽은 영이면 하나님이 생기를 주고 생령으로 살렸다한 것은 거짓이 아님 ⇒ 아담(아버지를 떠난 아들)을 죽이려하면 하나님이 생령으로 살렸다한 것은 거짓이 됨

아담(흙으로 만들어진 사람)을 생령으로 만들고 죽이려하면 생기를 주고 살렸다한 것은 거짓이라는 것임 ⇒ 아담(아버지를 떠난 아들)을 죽이려고 사람으로 만든 것임을 알아야함

코로 생기를 받았는데 숨을 쉬면 어떻게 되는가요?

코에 생기를 불어넣었기에 살았다고 말합니다. 그런데 코로 숨을 쉬면 생기를 내뱉는 것이기에 죽어야 합니다. 그러면 죽지 않고 살아 있으려면 코로 숨을 쉬지 않아야 합니다.

코에 생기를 불어넣었기에 살았다고 말함

↓

코로 숨을 쉬면 생기를 내뱉는 것이기에 죽어야함 ⇒ 죽지 않고 살아 있으려면 코로 숨을 쉬지 않아야함

생기로 살아 있는 영은 숨을 쉬면서 살아 있는 영이 아닙니다.

생기로 살아 있는 영이 숨을 쉬면 생기를 내뱉고 죽은 영이 되기 때문입니다. 생기로 살아 있는 영은 숨을 쉬지 않으면서 살아 있기에 죽은 영이 생기로 살아 있는 것임을 알아야 합니다.

생기로 살아 있는 영은 숨을 쉬면서 살아 있는 영이 아님

↓

생기로 살아 있는 영이 숨을 쉬면 생기를 내뱉고 죽은 영이 되기 때문임 ⇒ 생기로 살아 있는 영은 숨을 쉬지 않으면서 살아 있기에 죽은 영이 생기로 살아 있는 것임을 알아야함

하나님은 왜 코에 생기를 불어넣었다고 말한 것일까요?

코에 생기를 불어넣으면 죽은 자를 살리려 인공호흡을 하는 것과 같습니다. 흙으로 사람을 만들었지만 죽은 영이기에 인공호흡을 하여 살아 있는 영으로 만들었다고 한 것과 같습니다.

코에 생기를 불어넣으면 인공호흡을 하는 것과 같음

↓

흙으로 사람을 만들었지만 죽은 영이기에 인공호흡을 하여 살아 있는 영으로 만들었다고 한 것임 ⇒ 하나님은 코에 생기를 불어넣었다면서 숨을 쉬면서 살아 있는 영인 것처럼 말한 것임

요한복음 20:22 그들을 향하사 숨을 내쉬며 이르시되 성령을 받으라

죽은 예수가 나타난 것에 대하여는 뒤에서 말씀드리겠습니다. 숨을 쉬면 그냥 성령을 받으라고 말하면 됩니다. 숨을 내쉬며 성령을 받으라고 말하면 숨을 쉬지 못하기에 억지로 숨을 쉬면서 말한 것입니다. 숨을 내쉬며 성령을 받으라고 말한 것과 코에 생기를 불어넣었다한 것은 마치 숨을 쉬는 것처럼 보이려한 것입니다.

아담(흙으로 만들어진 사람)은 죽은 영이고 하나님의 모습입니다.

하나님은 자신을 살아 있는 영이라 말하니 하나님의 모습은 살아 있는 영이어야 합니다. 아담(흙으로 만들어진 사람)에게 생기를 주고 생령으로 만들었으니 죽은 영(하나님의 모습)을 살아 있는 영(하나님의 모습)으로 만든 것입니다.

아담(흙으로 만들어진 사람)은 하나님 모습으로 있는 죽은 영임

↓

하나님은 자신을 살아 있는 영이라고 말하기에 하나님의 모습은 살아 있는 영이어야 함 ⇒ 아담(흙으로 만들어진 사람)은 하나님의 모습이기에 살아 있는 영으로 만들어야함

아담(흙으로 만들어진 사람)을 생기로 살아 있는 영(하나님의 모습)으로 만듦 ⇒ 하나님은 숨을 쉬면서 살아 있는 영이 아니라 허공(아버지가 없는 하늘)에서 생기로 살아 있는 영임

4. 하나님은 자신만 살아 있는 영이라고 말합니다.

하나님은 자신만 살아 있는 영이라고 말하기에 아담(흙으로 만들어진 사람)은 죽은 영이어야 합니다. 하나님은 아담(흙으로 만들어진 사람)을 살아 있는 영으로 만들지 않아야 합니다. 그런데 아담(흙으로 만들어진 사람)에게 생기를 주고 생령으로 만들었다고 말합니다. 그러면 아담(흙으로 만들어진 사람)이 죽은 영이 아니기에 생기로 있는 생령이라고 꾄 것임을 알아야 합니다.

하나님은 자신만 살아 있는 영이라고 말함

↓

아담(흙으로 만들어진 사 ⇒ 아담(흙으로 만들어진 사람)을 살아

람)은 죽은 영이어야 함 　 있는 영으로 만들지 않아야함

아담(흙으로 만들어진 사람)에게 생기를 주고 생령으로 만들었다고 함 ⇒ 아담(흙으로 만들어진 사람)이 죽은 영이 아니기에 생기로 있는 생령이라고 꾄 것임을 알아야함

아담(흙으로 만들어진 사람)은 아버지를 떠난 아들임 ⇒ 아담은 숨을 쉬면서 살아 있는 영에서 흙으로 만들어진 사람이 된 것임

아담이 죽은 영이면 하나님은 유일하게 살아 있는 영입니다.

아담이 생령이면 하나님은 자신만 살아 있는 영으로 있지 못합니다. 하나님이 아담에게 생기를 주고 생령으로 만들면 헛된 일을 한 것이기에 거짓입니다.

그리고 아담이 죽은 영이면 하나님은 유일하게 살아 있는 영(아버지의 모습)입니다. 아담이 살아 있는 영이면 아버지의 형상으로 만들고 아버지의 모습으로 있지 못하게 하여야 합니다. 그러면 아담을 아버지의 모습으로 있지 못하게 하려 생기로 살아 있는 영(하나님의 모습)으로 만들었다고 미혹한 것입니다.

아담이 생령이면 하나님은 자신만 살아 있는 영으로 있지 못함

↓

하나님이 아담에게 생기를 주고 생령으로 만들면 헛된 일을 한 것이기에 거짓임 ⇒ 아담이 죽은 영이면 하나님은 유일하게 살아 있는 영(아버지의 모습)이라고 말하게 됨

아담이 살아 있는 영이면 아버지 형상으로 만들고 아버지 모으로 있지 못하게 하여야함 ⇒ 생기로 살아 있는 영(하나님의 모습)이라면서 아버지의 모습으로 있지 못하게 하려한 것임

5. 하나님을 보면 죽는다고 말합니다.

하나님을 보면 죽는다고 말하면 하나님의 모습을 알려 하지 말라는 것입니다. 그런데 예수는 나를 보면 아버지를 보는 것이라면서 아버지의 모습을 알라고 말합니다. 그러면 하나님(빛의 영)은 우리에게 자신을 숨기지만 아버지는 자신을 숨기지 않는다는 것입니다.

하나님(빛의 영)을 보면 죽는다고 말함
↓
하나님(빛의 영)의 모습을 알려고 하지 말라함 ⇒ 예수는 나를 보면 아버지를 보는 것이라면서 아버지의 모습을 알라함
하나님(빛의 영)은 우리에게 자신이 살아 있음을 숨김 ⇒ 아버지는 우리에게 자신이 살아 있음을 숨기지 않음

하나님은 내가 살아 있는 영임을 무조건 믿으라고 말합니다.

하나님이 자신을 보여주지 않으면 숨을 쉬면서 살아 있는 영이 아니기 때문입니다. 하나님은 해처럼 생기(살아 있는 기)인 불(죽은 빛)로 있는 영이기에 자신을 보여주지 않는 것입니다.

하나님은 자신을 숨기면서 살아 있는 영으로 믿으라고 말함
↓
숨을 쉬면서 살아 있는 영이 아니기에 자신을 숨김 ⇒ 해처럼 생기인 있는 불(죽은 빛)로 있는 영이기에 자신을 숨기는 것임

하나님을 보려면 땅에 얼굴을 대고 엎드려야 합니다.

신을 섬기는 자들을 보면 신의 발 아래에서 얼굴을 땅에 대고 엎드립니다. 하나님을 보려면 얼굴을 땅에 대고 엎드려야 하기에 하나님을 신으로 섬기는 제사장이 되어야 합니다. 하나님의 제사장이 되라는 것은 하나님 발 아래에서 얼굴을 땅에 대고 엎드린 죽은 영이 되

라는 것입니다. 하나님의 제사장이 되라는 것은 우리가 숨을 쉬면서 살아 있는 영이기에 하나님 발 아래에서 죽은 영으로 있어야 죽임을 당하지 않는다고 미혹한 것입니다.

하나님(빛의 영)을 보려면 얼굴을 땅에 대고 엎드려야함

↓

신을 섬기는 자들은 신의 발 아래에서 얼굴을 땅에 대고 엎드림	⇒	하나님을 보려면 얼굴을 땅에 대고 엎드려야 하기에 하나님을 신으로 섬기는 제사장이 되어야 함
하나님의 제사장이 되라는 것은 하나님 발 아래에서 얼굴을 땅에 대고 엎드린 죽은 영이 되라는 것임	⇒	하나님의 제사장이 되라는 것은 우리가 살아 있는 영이기에 하나님 발 아래에서 죽은 영으로 있어야 죽임당하지 않는다한 것임

그런데 원수를 자신의 발 아래에 두는 것입니다.

하나님의 발 아래에서 얼굴을 땅에 대고 엎드리면 하나님은 머리를 밟고 서있는 것입니다. 그러면 우리(하늘에서 살아 계신 아버지를 떠난 아들)가 하나님(빛의 영)의 원수이기에 하나님(빛의 영)이 우리의 머리를 밟으려는 것임을 알아야 합니다.

원수를 자신의 발 아래에 두는 것임

↓

하나님은 우리의 머리를 밟고 서 있기를 원함	⇒	우리(하늘에서 살아 계신 아버지를 떠난 아들)가 하나님(빛의 영)의 원수이기에 하나님(빛의 영)이 우리의 머리를 밟으려는 것임

죽은 자가 서있으면 살아 있다고 하는 것입니다. 우리가 사람이 된 아버지의 아들임을 모르면 살아 있는 우상(죽은 영)입니다. 우리가

살아 있는 우상(죽은 영)이면 하나님 앞에서 생령으로 있는 것입니다. 우리가 살아 있는 우상(죽은 영)이면 자신만 살아 있는 영이라는 하나님에게 죽임을 당하기에 예수가 우리에게 아버지를 떠난 아들임을 알라고 말한 것입니다.

아담은 아버지를 떠난 아들입니다.

하나님은 아담(아버지를 떠난 아들)이 죽은 영이기에 살아 있는 영으로 만들었다고 합니다. 아담(아버지를 떠난 아들)이 아버지의 형상인 죽은 영이기에 하나님의 모습으로 살렸다고 합니다. 아담(아버지를 떠난 아들)이 죽은 영이기에 하나님의 모습으로 살렸다하면 하나님은 내가 하늘에서 살아 있는 아버지라고 미혹한 것입니다.

아담은 아버지를 떠난 아들임

↓

아담(아버지를 떠난 아들)이 죽은 영이기에 살아 있는 영으로 만들었다함	⇒	아담(아버지를 떠난 아들)이 아버지의 형상이기에 하나님의 모습으로 살렸다고 말한 것임
아담(아버지를 떠난 아들)을 하나님의 모습으로 살렸다하면 하나님은 내가 하늘에서 살아있는 아버지라 한 것임	⇒	우리에게 하늘에서 살아 있는 하나님의 아들이라고 미혹한 것임

하늘의 주인이 되려면 하늘(아버지의 집)을 떠난 아들을 자신의 아들로 만들어야 합니다. 하늘에서 살아 있는 아버지가 되려면 아버지를 떠난 아들을 자신의 아들로 만들어야 합니다. 하나님은 하늘의 주인이 되려고 생기를 주었다면서 아담(아버지를 떠난 아들)에게 나의 아들이라고 미혹한 것입니다. 하나님(빛의 영)은 예수에게 성령(하나님의 영)을 주고 나의 아들이라 하였듯이 아담에게 생기를 주고 나의

아들이라고 뀐 것입니다.

아담은 아버지를 떠났기에 아버지에게 돌아가려면 아버지의 모습이어야 합니다.

아담을 하나님의 모습인 아버지의 형상으로 만들면 아버지에게 돌아가지 못하게 한 것입니다. 아담을 아버지에게 돌아가게 두면 아버지가 하늘에서 살아 계심을 나타내기 때문입니다. 하나님(빛의 영)은 아버지가 하늘에서 살아 계심을 인정하지 않기에 우리(아버지를 떠난 아들)가 하늘로 돌아가는 것을 원하지 않는다는 것입니다.

아담이 아버지에게 돌아가려면 아버지의 모습이 되어야함

↓

아담을 하나님의 모습인 아버지의 형상으로 만들면 아버지에게 돌아가지 못하게 한 것임	⇒	아담을 아버지에게 돌아가게 두면 아버지가 하늘에서 살아 계심을 나타내는 것이 됨
하나님(빛의 영)은 아버지가 하늘에서 살아 계심을 인정하지 않음	⇒	아버지가 하늘에서 살아 계심을 모르면 우리(아버지를 떠난 아들)도 하나님(빛의 영)처럼 된다는 것임

하나님이 아담을 살리면 아담의 주인이 됩니다.

하나님이 아담을 살리면 아담은 하나님에게 살려 달라한 것입니다. 아담은 자신을 살리지 않으면서 하나님에게 살려 달라한 것입니다. 그런데 하나님에게 살려 달라하면 하나님은 살려도 되고 죽여도 된다는 것입니다. 그러면 하나님이 아담(아버지를 떠난 아들)을 죽이면 아담이 하나님에게 살려 달라하였기 때문입니다.

하나님이 아담을 살리면 아담의 주인이 됨

↓

하나님이 아담을 살리면 아담은 하나님에게 살려 달라한 것임	⇒	아담은 자신을 살리지 않고 하나님에게 살려 달라한 것임
하나님에게 살려 달라고 하면 하나님은 살려도 되고 죽여도 됨	⇒	하나님이 아담을 죽이면 아담이 살려 달라하였기 때문임

하나님(빛의 영)은 아버지의 형상이고 아담은 아버지의 모습입니다.

하나님(아버지의 형상)이 아담(아버지의 모습)에게 생령으로 살렸다고 합니다. 종(아버지의 형상)이 주인이 되고 주인(아버지의 모습)이 종이 된 것입니다. 종(하나님)이 주인으로 있으면서 주인(아버지를 떠난 아들)을 죽이려고 합니다. 종(하나님)이 주인(아버지를 떠난 아들)을 죽이는 것은 종(하나님)이 종(죽은 영)으로 있지 않고 주인(아버지를 떠난 아들)이 주인(살아 있는 영)으로 있지 못하기 때문입니다.

하나님(빛의 영)은 아버지의 형상이고 아담은 아버지의 모습임

↓

아담(살아 있는 영)에게 내가 너를 생령으로 살렸다함	⇒	죽은 영인 하나님은 아담을 살아 있는 영으로 섬기지 않아도 됨
아담이 하나님을 살아 있는 영으로 섬기는 종(죽은 영)이 됨	⇒	종(죽은 영)이 영을 살리면 주인(하나님)에게 죽임을 당함
아담이 하나님을 대신하여 주인(살아 있는 영) 노릇하면 종(하나님)에게 죽임을 당함	⇒	하나님의 종이 되어 영을 살리면 하나님에게 죽임당하니 우리는 아버지의 아들임을 알아야함

↓

종은 주인을 죽이지 못함	⇒	우리가 하늘에서 살아 계신 아버지의 아들임을 알고 영을 살리면 하나님은 우리를 죽이지 못함

•

아담은 사람이 되어도 숨을 쉬면서 살아 있는 영(아버지의 모습)입니다. 우리가 숨을 쉬면서 살아 있는 영(아버지의 모습)이고 아버지의 아들임을 모르면 정신을 차리지 못하기 때문입니다. 우리가 사람으로 있으면 하나님이 우리의 정신을 혼미하게 만들어 숨을 쉬는 영(아버지의 모습)이고 아버지의 아들임을 모르게 한 것입니다.

정신을 혼미하게 만들려면 정신을 차리지 못하게 하여야 합니다. 하나님이 아담에게 사람(고아)이라 하였고 우리는 사람이라 말하니 정신이 혼미하여 정신을 차리지 못하는 것입니다. 그리고 생기로 살아 있는 영(하나님의 모습)이나 양자(하나님의 아들)가 되기를 원하니 우리는 정신이 혼미하여 정신을 차리지 못하는 것입니다.

1. 데살로니가후서 2:11 이러므로 하나님이 미혹의 역사를 그들에게 보내사 거짓 것을 믿게 하심은

미혹의 역사는 미혹하는 일(힘)입니다. 하나님이 미혹하는 일(힘)을 그들에게 보냈다고 말합니다. 그러면 하나님이 보낸 자는 하나님을 위하여 미혹하는 일을 한다고 말한 것입니다.

하나님이 미혹의 역사를 그들에게 보냈다고 말함

↓

하나님이 미혹하는 일(힘)을 그들에게 보냈다고 말함 ⇒ 하나님이 보낸 자는 하나님을 위하여 미혹하는 일을 함

하나님이 거짓을 진짜로 믿게 한다고 말합니다.

거짓을 진짜로 믿게 하면 거짓말로 꾀는 사기꾼입니다. 그리고 거

짓을 진짜로 믿으면 시험에 들어 악(함정)에서 벗어나지 못합니다. 그런데 하나님이 거짓을 진짜로 믿게 하였으니 하나님은 거짓말로 우리를 꾀는 악한 영입니다.

하나님(빛의 영)이 거짓을 진짜로 믿게 한다고 말함

↓

거짓을 진짜로 믿게 하면 거짓말로 꾀는 사기꾼임	⇒	거짓을 진짜로 믿으면 시험에 들어 악(함정)에서 벗어나지 못함
하나님은 거짓을 진짜로 믿게 하려고 꾀는 영임	⇒	하나님은 거짓말로 꾀어 우리(아버지를 떠난 아들)를 죽이는 악한 영임

하나님이 미혹하는 힘을 그들에게 보내어 거짓을 진짜로 믿게 한다고 말합니다.

하나님은 거짓을 진짜로 믿게 하려고 그들에게 꾀는 힘을 주는 영입니다. 하나님이 거짓을 진짜로 믿게 하려고 꾀기에 그들에게 꾀(시험)하는 힘(권세)을 준 것입니다. 그러면 하나님이 보낸 자는 거짓을 진짜로 믿게 하려고 간교한 말로 꾀면서 우리를 죽이는 권세입니다.

하나님(빛의 영)이 그들에게 미혹하는 힘을 주었다고 말함

↓

그들은 하나님에게서 미혹하는 힘을 받고 거짓을 진짜로 믿게 하는 자임	⇒	하나님이 거짓을 진짜로 믿게 하려고 꾀기에 그들에게 미혹(시험)하는 힘을 주어 꾀게 한 것임
하나님은 거짓을 진짜로 믿게 하려고 그들에게 미혹하는 힘을 주는 간교한 영임	⇒	그들은 거짓을 진짜로 믿게 하라고 하나님이 보낸 자이기에 간교한 말로 꾀어 우리를 죽임

미혹이란 무엇에 홀려 정신을 차리지 못하는 것입니다.

미혹되면 정신이 헷갈리어 갈팡질팡 헤매는 것입니다. 미혹되면 어떤 말이나 행위에 정신을 팔려 헷갈려 하면서 정신을 차리지 못하는 것입니다. 그러면 우리는 하나님의 말에 미혹되어 정신을 차리지 못하는 것이고 하나님에게 정신을 팔려 우리가 누구인지 헷갈려 하고 있는 것입니다.

하나님(빛의 영)은 미혹하는 힘이 있기에 미혹하는 영임

↓

하나님은 우리의 정신을 혼미하게 만듦 ⇒ 정신을 혼미하게 만들려면 정신을 차리지 못하게 하여야 함

우리는 하나님에게 미혹되어 정신을 차리지 못하고 있음 ⇒ 우리는 하나님의 말에 정신을 팔려 정신줄을 놓은 영임

하나님(빛의 영)은 미혹하여 정신을 차리지 못하게 합니다.

님에게 우상이면서 생기로 있는 생령이라 하면 무슨 말인지 모르기에 미치고 귀신들린 자라 할 것입니다. 님에게 생기가 있기에 살아 있는 것이지 숨을 쉬기에 살아 있는 것이 아니라 하면 헛소리를 하는 자라 할 것입니다.

하나님이 아담(흙으로 만들어진 사람)에게 "너는 생기로 있는 생령이 되었다"고 말합니다. 님이 흙으로 만들어진 사람이면 하나님의 말을 듣고 내가 우상인지 살아 있는 영인지 헷갈릴 것입니다. 하나님은 우리가 숨을 쉬면서 살아 있는 영(아버지의 모습)임을 모르게 하려고 미혹하여 정신줄을 놓게 만든 것입니다. 그러나 우리가 하늘에서 살아계신 아버지를 떠난 아들임을 알면 하나님이 꾄 시험(함정)에서 벗어남은 어렵지 않고 쉬운 것입니다.

하나님이 아담(숨을 쉬면서 살아 있는 영)에게 생령(하나님의 모습)이라 하면 내가 살아 있다한 것입니다. 아담(숨을 쉬면서 살아 있는 영)을 하나님의 아들이라 하면 하나님을 살아 있다고 하는 것입니다. 우리는 하나님의 말에 미혹되어 정신줄을 놓고 하늘에서 죽은 하나님에게 죽지 않고 살아 있는 영이라 하고 있는 것입니다.

하나님이 숨을 쉬면서 살아 있는 아담을 흙으로 만듭니다. 아담은 숨을 쉬면서 살아 있기에 흙이 되어도 숨을 쉬면서 살아 있습니다. 아담은 흙으로 만들어진 사람이 되었지만 숨을 쉬기에 살아 있는 우상(죽은 영)입니다. 그러면 하나님은 아담(아버지를 떠난 아들)에게 살아 있는 우상(죽은 영)이라면서 하나님의 아들이 되어야 생기로 살아 있는 영(하나님의 모습)이 된다고 꾀어 정신을 차리지 못하게 한 것입니다.

2. 하나님은 우리의 정신을 혼미하게 만듭니다.

로마서 11:8 기록된바 하나님이 오늘날까지 저희에게 혼미한 심령과 보지 못할 눈과 듣지 못할 귀를 주셨다 함과 같으니라

하나님이 아담부터 오늘날까지 혼미한 심령과 보지 못할 눈과 듣지 못할 귀를 준 것입니다. 그런데 하나님이 아담을 우상(흙)으로 만들었으니 아담의 눈을 보지 못하게 한 것이고 귀는 듣지 못하게 한 것입니다. 그리고 우상인 아담에게 생기로 있는 생령이라 하였으니 아담에게 혼미한 심령을 주어 헷갈리게 한 것입니다.

하나님이 흙으로 사람을 만들고 생기로 있는 생령이라 함

↓

정신을 차리지 못하 ⇒ 마음으로 아버지의 아들임을 아는 것을

면 살아 있는 우상 (죽은 영)이 됨	싫어하면 하나님을 위하여 눈과 귀와 입을 닫고 죽어야 함

하나님은 우리의 눈과 귀와 입을 닫고 정신을 혼미하게 만들어 자신이 누구인지 알지 못하게 합니다.

하나님이 우리의 눈과 귀와 입을 닫은 것은 우리가 하늘(아버지의 집)로 돌아가지 않겠다하기 때문입니다. 그러면 우리가 눈과 귀를 열고 정신을 차리려면 마음으로 하늘에서 살아 계신 아버지의 아들임을 알아야 합니다.

하나님이 우리를 살아 있는 우상(죽은 영)으로 만듦

↓

영의 눈을 닫음 ⇒ 아버지가 하늘을 빛으로 밝힘을 마음으로 알지 못하게함

영의 귀를 닫음 ⇒ 아버지가 하늘에서 살아 계신다는 천국 복음을 듣지 못하게 함

혼미한 심령을 줌 ⇒ 숨을 쉬면서 살아 있는 영(아버지의 모습)임을 알지 못하게 함

혼미하다는 정신이 헛갈리고 사리에 어두운 상태입니다.

하나님은 혼미한 심령과 보지 못하는 눈과 듣지 못하는 귀를 줍니다. 그런데 하나님은 거짓을 진짜로 믿게 하는 미혹하는 힘이 있습니다. 그러면 하나님은 혼미한 심령과 보지 못하는 눈과 듣지 못하는 귀를 주고 거짓을 진짜로 믿게 하는 간교한 말을 하면서 거짓에서 벗어나지 못하게 옭아매는 악한 영입니다.

하나님은 거짓을 진짜로 믿게 하는 미혹하는 힘이 있음

↓

하나님이 혼미한 심령과 보지 못하는 눈과 듣지 못하는 귀를 줌	⇒	하나님은 거짓을 진짜로 믿게 하는 간교한 말을 하면서 거짓에서 벗어나지 못하게 옭아매는 악한 영임

거짓에 있으면서 눈과 귀를 닫으면 진리를 알지 못합니다.

거짓은 하나님이 하늘에서 살아 있는 영이고 우리는 생기로 살아 있는 영이라는 것입니다. 우리가 거짓에 있으면서 눈과 귀를 닫으면 진리를 알지 못하기에 하늘에서 살아 있는 영이 되지 못합니다. 그러면 하나님은 혼미한 심령과 보지 못하는 눈과 듣지 못하는 귀를 주고 땅에 속한 육체나 허공에서 살아 있는 영으로 만들려한 것입니다.

거짓에 있으면서 눈과 귀를 닫으면 진리를 알지 못함

↓

거짓은 하나님이 하늘에서 살아 있는 영이고 우리는 생기로 살아 있는 영이라는 것임	⇒	거짓에 있으면서 눈과 귀를 닫으면 진리를 알지 못하기에 하늘에서 살아있는 영이 되지 못함
혼미한 심령과 보지 못하는 눈과 듣지 못하는 귀를 주고 땅에 속한 육체나 허공에서 살아 있는 영이 되라한 것임	⇒	마음으로 깨닫지 못하면 거짓에 속하기에 천국으로 가지 못함

거짓에 있으면서 눈과 귀를 닫으면 어디에 있는지 모릅니다.

어디에 있는지 모르면 자신이 처한 상황을 모릅니다. 처한 상황을 모르면 자신이 어떠한 상태에 있는지 모릅니다. 거짓에 있으면서 눈과 귀를 닫으면 정신을 차리지 못하고 혼미하기에 어떠한 상황에 처해 있는지 모릅니다.

눈과 귀를 닫으면 정신을 차리지 못하고 혼미하게 있어야 함

↓

눈과 귀를 닫으면 정신을 차리지 못하고 혼미하기에 거짓에 있음을 모름	⇒	정신을 차리지 못하고 혼미하게 있으면서 눈과 귀를 닫으면 자신이 영을 죽이고 있음으로 모름

우리가 정신을 차리지 못하고 혼미하게 있는 것은 거짓에 있음을 모르기 때문입니다. 우리가 잠에서 깨어나 정신을 차리려면 진리에 있어야 하기에 아버지가 하늘에서 살아 계심을 알아야 합니다. 우리가 잠에서 깨어나 정신을 차리고 영을 살리려면 진리에 있어야 하기에 마음으로 눈을 뜨고 귀를 열어 하늘에서 살아 계신 아버지를 떠난 아들임을 알아야 합니다.

혼미한 심령을 주면 마음이 혼미하게 됩니다.

혼미한 심령을 주면 거짓에 있으면서 마음이 혼미합니다. 마음이 혼미하면 거짓에 있으면서 마음으로 진리를 깨닫는 것을 싫어하게 됩니다. 그러면 혼미한 심령을 준 것은 거짓에 있게 하면서 마음으로 아버지가 하늘에서 살아 계심을 깨닫는 것을 싫어하게 만든 것입니다.

혼미한 심령을 주면 거짓에 있으면서 마음이 혼미함

↓

마음이 혼미하면 거짓에 있으면서 마음으로 진리를 깨닫는 것을 싫어함	⇒	하나님은 혼미한 심령을 주고 마음으로 아버지가 하늘에서 살아 계심을 깨닫는 것을 싫어하게 만듦

하나님은 혼미한 심령을 주고 거짓(하나님만 하늘에서 살아 있는 영이고 우리는 죽은 영)이 거짓임을 깨닫지 못하게 합니다. 하나님은 거짓(하나님만 하늘에서 살아 있는 영이고 우리는 허공에서 살아 있는 영)을 진짜로 믿게 하여 진리(우리가 하늘에서 살아 계신 아버지의 아들)를 깨닫지 못하게 하려고 혼미한 심령을 준 악한 영입니다.

보지 못하고 듣지 못하면 알지 못하는 것을 말하게 됩니다.

보지 못하고 듣지 못하면 마치 그것을 아는 것처럼 말하게 됩니다. 보지 못하고 듣지 못하면서 그것을 안다고 말하면 미치고 귀신들려 말하는 자가 됩니다. 보지 못하는 눈과 듣지 못하는 귀로 만들면 미치고 귀신들린 말을 하는 자가 되라한 것입니다.

하나님은 흙으로 만들어진 사람이 생령이 되었다면서 우리의 정신을 혼미하게 합니다. 흙으로 사람을 만들고 생령이라면서 육체인지 우상(죽은 영)인지 생령인지 헷갈리게 한 것입니다. 그리고 사람인지 하나님의 아들인지 아버지의 아들인지 헷갈리게 만들어 누구인지 알지 못하게 한 것입니다.

3. 예수는 정신을 차리지 못하고 혼미한 우리를 깨웁니다.

마태 13:15 이 백성들의 마음이 완악하여져서 그 귀는 듣기에 둔하고 눈은 감았으니 이는 눈으로 보고 귀로 듣고 마음으로 깨달아 돌이켜 내게 고침을 받을까 두려워함이라 하였느니라

백성이란 이스라엘에 속한 자들이기에 하나님의 백성입니다. 하나님의 백성은 마음이 완악하여 마음으로 진리를 깨달으려 하지 않는다고 말합니다. 하나님의 백성이 마음으로 진리를 깨달으려 하지 않는 것은 하나님만 하늘에서 살아 있는 영으로 섬기기 때문입니다. 하나님의 백성은 진리(아버지가 하늘에서 살아 계심)를 깨닫지 않고 거짓(하나님만 하늘에서 살아 있다)에 있기를 원한다고 말한 것입니다.

마음이 완악하여져 귀는 듣기에 둔하고 눈은 감았다고 말합니다.

하나님이 혼미한 심령과 듣지 못하는 귀와 보지 못하는 눈을 줍니다. 그러면 마음이 완악하여져 귀는 듣기에 둔하고 눈은 감으라고 하나님이 혼미한 심령을 준 것입니다.

마음이 완악하여져 귀는 듣기에 둔하고 눈은 감았다고 말함

↓

하나님이 혼미한 심령을 줌 ⇒ 우리의 마음을 완악하게 만듦

하나님이 듣지 못하는 귀와 보지 못하는 눈을 줌 ⇒ 우리에게 귀를 닫고 눈은 뜨지 말라고 한 것임

눈으로 보고 귀로 듣고 마음으로 깨달아야 합니다.

마음으로 깨달으려면 눈으로 보고 귀로 들어야 합니다. 마음으로 깨닫지 않는 것은 눈으로 보지 않고 귀로 듣지 않기 때문입니다. 그러면 미혹하는 힘이 있는 하나님이 거짓에 있으면서 마음으로 깨닫지 못하게 눈으로 보지 말고 귀로 듣지 말라 꾄 것입니다.

마음으로 깨달으려면 눈으로 보고 귀로 들어야 함

↓

마음으로 깨닫지 않는 것은 눈으로 보지 않고 귀로 듣지 않기 때문임 ⇒ 미혹하는 힘이 있는 하나님이 마음으로 깨닫지 못하게 하려고 거짓에 있게 꾄 것임

마음으로 깨달아 고침을 받을까 두려워한다고 말합니다.

마음으로 깨닫지 않는 것은 고침을 받을까 두렵기 때문입니다. 마음으로 깨달아 고침을 받아야 하는데 하나님을 두려워한다고 말합니다. 하나님을 두려워하면 마음으로 진리(아버지가 하늘에서 살아 계심)를 깨닫지 못하기에 고침을 받지 못한다고 말한 것입니다. 마음으로 깨달아 고침을 받으려면 허공에서 살아 있는 하나님을 두려워하지 말고 진리(아버지가 하늘에서 살아 계심)를 알라고 말한 것입니다.

하나님을 두려워하면 마음으로 진리를 깨닫지 못합니다. 그런데

마음으로 진리를 깨닫지 못하는 것은 하나님이 혼미한 심령과 보지 못하는 눈과 듣지 못하는 귀를 주었기 때문입니다. 그러면 미혹하는 힘이 있는 하나님이 마음으로 진리를 깨닫지 못하게 하려고 두렵게 하는 심령을 준 것입니다.

하나님이 두렵게 하지 않으면 마음으로 깨달아 진리를 알게 됩니다. 그런데 선악을 알게 하는 나무의 열매를 먹으면 반드시 죽는다면서 선악을 아는 것을 두렵게 하는 마음을 먹게 한 것입니다. 그러면 하나님이 마음으로 깨닫는 것을 두렵게 한 것은 진리를 알면 반드시 죽으니 진리를 알려 하지 말라고 두렵게 하는 마음을 먹게 한 것입니다.

4. 마태 13:16 그러나 너희 눈은 봄으로 너희 귀는 들음으로 복이 있도다 17 많은 선지자와 의인이 너희 보는 것들을 보고자 하여도 보지 못하였고 너희 듣는 것들을 듣고자 하여도 듣지 못하였느니라

너희는 예수가 가르쳐주는 말(진리)을 듣는 자입니다. 선지자와 의인은 하나님의 말을 하기에 하나님이 보낸 자입니다. 선지자와 의인은 하나님이 보낸 자이기에 예수가 가르쳐주는 말(진리)을 알지 못한다고 말한 것입니다. 선지자와 의인은 진리(아버지가 하늘에서 살아 계심)를 알지 못하면서 하나님의 백성에게 거짓(하나님만 하늘에서 살아 있다)을 말한다한 것입니다.

선지자와 의인은 하나님의 말을 하기에 하나님이 보낸 자임

↓

선지자와 의인은 하나님이 보낸 자이기에 예수가 가르쳐주는 말(진리)을 알지

⇒

선지자와 의인은 진리(아버지가 하늘에서 살아 계심)를 알지 못하면서 하나님의 백성에게 거짓(하나님

못한다고 말한 것임	만 하늘에서 살아 있다)을 말한다함

하나님이 미혹의 역사를 그들에게 보내 거짓을 진짜로 믿게 합니다. 선지자와 의인은 하나님에게서 미혹하는 힘을 받고 거짓을 진짜로 믿게 합니다. 선지자와 의인은 하나님의 백성을 미혹하면서 권세로 있는 자입니다.

선지자와 의인은 하나님이 보낸 자입니다.

의인은 악에서 떠난 하나님의 종이기에 율법을 지키는 자입니다. 그런데 예수가 선지자와 율법(의인)은 요한까지라고 합니다. 그러면 예수는 요한의 뒤에 왔기에 나는 선지자나 의인인 하나님이 보낸 자가 아니라한 것입니다. 예수는 하나님이 보낸 자가 아니기에 아버지를 떠나 사람이 된 우리(아버지의 아들)들을 거짓으로 꾀려고 미혹하지 않는다한 것입니다.

선지자와 의인은 하나님이 보낸 자임

↓

의인은 악에서 떠난 하나님의 종이기에 율법을 지키는 자임	⇒	예수가 선지자와 의인은 요한까지라고 말함
예수는 요한의 뒤에 왔기에 나는 하나님이 보낸 자가 아니라한 것임	⇒	예수는 하나님이 보낸 자가 아니기에 나는 아버지를 떠나 사람이 된 아들들을 거짓으로 꾀려 미혹하지 않는다함

예수는 요한의 뒤에 선지자와 의인이 없다고 말합니다.

예수는 요한의 뒤에 하나님이 보낸 자가 없다고 말한 것입니다. 요한의 뒤에 하나님이 보낸 자가 없다고 말하면 하나님이 보낸 자의 말을 듣지 말라한 것입니다. 하나님이 보낸 자의 말은 거짓(하나님만 하늘에서 살아 있다)이기에 그 말을 진짜로 믿으면 천국(아버지 나라)으로 들어가지 못한다고 말한 것입니다.

예수는 요한의 뒤에 선지자와 의인이 없다고 말함

↓

예수는 요한의 뒤에 하나님이 보낸 자가 없다고 말한 것임	⇒	예수는 하나님이 보낸 자의 말을 듣지 말라고 말한 것임
하나님이 보낸 자는 거짓(하나님만 하늘에서 살아 있다)을 진짜로 믿게 꾄다고 말한 것임	⇒	하나님이 보낸 자의 꾐에 넘어가면 천국(아버지의 나라)으로 들어가지 못한다고 말한 것임

요한의 뒤에 선지자와 의인(율법)이 있으면 거짓 선지자와 거짓 의인(율법)입니다. 그런데 거짓 선지자와 거짓 의인(율법)도 아버지를 떠나 사람이 된 우리(아버지의 아들)들을 꾀어 악인으로 만듭니다. 그러면 거짓 선지자와 거짓 의인(율법)도 아버지를 떠나 사람이 된 우리(아버지의 아들)들을 꾀어 천국(아버지의 나라)으로 가지 못하는 악인으로 만들라고 하나님이 보낸 자입니다.

선지자와 의인은 너희 보는 것들을 보지 못하였고 너희 듣는 것들을 듣지 못하였다고 말합니다.

선지자와 의인은 하나님이 보낸 자입니다. 예수는 내가 너희에게 가르쳐주는 진리를 하나님이 보낸 자는 알지 못한다고 말합니다. 하나님이 보낸 자는 내가 너희에게 가르쳐주는 진리를 알지 못하면서 거짓을 진짜로 믿게 한다고 말한 것입니다.

하나님이 보낸 자는 왜 예수가 가르쳐주는 진리를 알지 못하는 것일까요? 예수는 하나님이 보낸 아들이 아니라 아버지가 보낸 아들입니다. 예수는 하늘에서 살아 계신 아버지가 보낸 아들이기에 천국에서 온 것입니다. 예수는 아버지가 하늘을 빛으로 밝힘을 알지만 하나님이 보낸 자는 그것을 모릅니다. 그러면 예수는 하나님이 보낸 자는 진리(아버지가 하늘에서 살아 계심)를 모르면서 거짓(하나님만 하늘에서 살아 있다)을 진짜로 믿게 꾄다고 말한 것입니다.

예수는 하나님이 보낸 아들이 아니라 아버지가 보낸 아들임

↓

예수는 하늘에서 살아 계신 아버지가 보낸 아들이기에 천국에서 왔음	⇒	예수는 아버지가 하늘을 빛으로 밝힘을 알지만 하나님이 보낸 자는 그것을 모른다고 말한 것임
하나님이 보낸 자는 거짓(하나님만 하늘에서 살아 있다)을 진짜로 믿게 꾄다고 말한 것임	⇒	예수는 하나님이 보낸 자의 꾐에 넘어가면 천국으로 들어가지 못한다고 말한 것임

너희 눈은 봄으로 너희 귀는 들음으로 복이 있다고 말합니다.

선지자와 의인은 예수가 아는 진리를 모르기에 복이 없다고 말합니다. 선지자와 의인이 보지 못하는 것을 보고 듣지 못하는 것을 듣는 자들에게 복이 있다고 말합니다. 그런데 선지자와 의인은 하나님에게 죽임당하는 것을 두려워하는 자들입니다. 그러면 선지자와 의인은 우리의 마음에 하나님만 하늘에서 살아 있는 유일한 신(영)으로 섬기지 않으면 하나님에게 죽임을 당한다는 두려움을 심는 자들입니다.

예수가 너희 눈은 봄으로 너희 귀는 들음으로 복이 있다고 말함

↓

예수는 선지자와 의인은 너희가 아는 진리를 모르기에 복이 없다고 말한 것임	⇒	선지자와 의인이 보지 못하는 것을 보고 듣지 못하는 것을 듣는 우리에게 복이 있다고 말한 것임
선지자와 의인은	⇒	선지자와 의인은 우리의 마음에 하나님만 하

하나님에게 죽임 당함을 두려워함	늘에서 살아있는 유일한 영으로 섬기지 않으면 하나님에게 죽임 당한다는 두려움을 심음

선지자와 의인은 하나님이 두려워 진리를 말하지 못합니다. 허공에서 살아 있는 하나님은 사망(죽음)으로 우리의 마음에 두려움을 심는 영입니다. 그러나 하늘에서 살아 계신 아버지는 생명으로 살리는 분입니다. 그러면 예수는 하늘에서 살아 계신 아버지가 생명으로 살리는 분임을 알면 사망(죽음)의 권세를 이기기에 복이 있다고 말한 것입니다.

5. 누가 7:22 너희가 가서 보고 들은 것을 요한에게 고하되 소경이 보며 앉은뱅이가 걸으며 문둥이가 깨끗함을 받으며 귀머거리가 들으며 죽은 자가 살아나며 가난한 자에게 복음이 전파된다 하라

가난한 자에게 복음이 전파된다고 요한에게 말합니다. 그런데 선지자와 의인은 요한까지라고 말합니다. 그러면 요한까지는 부자들에게 복음이 전파된 것이기에 선지자와 의인은 부자들을 위하여 말하는 자들입니다.

예수는 가난한 자에게 복음이 전파된다고 요한에게 말함

↓

선지자와 의인은 요한까지라고 말함	⇒	선지자와 의인은 가난한 자가 아닌 부자들을 위하여 말하는 자들이라고 함
요한까지는 부자에게 복음이 전파 되었다 말함	⇒	요한까지는 복음이 가난한 자가 아닌 부자들을 위하여 있었다고 말한 것임

가난한 자에게 전파되는 복음은 선지자와 의인의 말이 아닙니다.

무거운 짐을 진 자들에게 쉬라고 말합니다. 그러면 선지자와 의인의 말은 부자에게 복음이지만 가난한 자에게는 무거운 짐입니다.

가난한 자에게 전파되는 복음은 선지자와 의인의 말이 아님

↓

무거운 짐을 ⇒ 하나님이 보낸 자는 부자를 위하여 말하기에
진 자들에게 가난한 자를 힘들게 하면서 쉬지 못하게 하는
쉬라고 말함 무거운 짐이라고 말한 것임

가난한 자가 쉬려면 선지자와 의인의 말을 버려야 합니다. 가난한 자에게 전파되는 복음은 선지자와 의인의 말이 아닙니다. 선지자와 의인의 말로 하나님을 위하여 힘들게 일하는 자는 가난한 자입니다. 예수는 하나님을 위하여 힘들게 일하는 가난한 자에게 쉬려면 선지자와 의인의 말을 버리고 마음으로 하늘에서 살아 계신 아버지에게 돌아가기를 원하라한 것입니다.

선지자와 의인(율법)의 말을 버리면 출교를 당합니다.

선지자와 의인(율법)의 말은 부자를 위하여 있기에 부자는 교회(성전)를 떠나기 힘듭니다. 부자는 육체가 아닌 영을 살리기가 힘들지만 가난한 자는 육체를 살리려고 힘들게 일하기에 마음으로 영을 살리기가 쉽습니다. 그러면 육체를 살리려고 힘들게 일하는 가난한 자에게 선지자와 의인(율법)이 있는 교회(성전)를 떠나 마음으로 영이 살기를 원하면서 쉬라고 말한 것입니다.

선지자와 의인(율법)의 말을 버리면 출교를 당함

↓

선지자와 의인(율법)의 말은 ⇒ 선지자와 의인(율법)의 말은 가난
부자를 위하여 있기에 부자 한 자를 힘들게 하기에 가난한
는 교회(성전)를 떠나기 힘듦 자는 교회(성전)를 떠나기 쉬움

부자는 육체가 편하기에 영을 살리기가 힘들다고 말함	⇒	가난한 자는 육체가 힘들어 하기에 마음으로 영을 살리기가 쉬움
부자는 선지자와 의인(율법)이 있는 교회(성전)를 떠나기가 힘들기에 영을 살리기가 어려움	⇒	육체를 살리려고 힘들게 일하는 가난한 자에게 선지자와 의인(율법)이 있는 교회(성전)를 떠나 마음으로 영이 살기를 원하면서 쉬라고 말한 것임

예수는 육체가 아닌 영에 대하여 말합니다. 예수는 아버지가 보여준 일을 한다고 말합니다. 아버지가 아들에게 보여주는 일은 아버지가 하는 일이기에 아들은 아버지처럼 일합니다. 예수가 육체가 아닌 영을 살리라고 하면 아버지가 하는 일은 육체가 아닌 영을 살리는 일입니다

예수는 자신에게 고침을 받을까 두려워한다고 말합니다.

고침을 받으려면 예수가 가르쳐준 진리(아버지가 하늘에서 살아 계심)를 알아야 합니다. 고침을 받으려면 예수가 가르쳐준 진리를 알고 진리(육체가 아닌 영을 살림)에 있어야 합니다. 고침을 받으려면 예수가 가르쳐준 진리를 알고 진리에 있으면서 진리(아버지가 영을 살림)가 나를 살림을 알아야 합니다. 그런데 고침 받음을 두려워하면 허공에서 살아 있는 하나님을 두려워하면서 예수가 가르쳐준 진리를 버리고 거짓(하나님만 하늘에서 살아 있음)에 있게 됩니다.

진리(아버지가 하늘에서 살아 계심)를 모르면 허공에서 살아 있는 하나님을 두려워하여야 합니다. 진리(하늘에서 살아 계신 아버지가 영을 살림)를 모르면 허공에서 살아 있는 하나님을 두려워하여야 합니다. 진리(영을 살리는 아버지가 하늘에서 영원히 살아 계심)을 모르면 허공에서 살아 있는 하나님을 두려워하면서 하나님을 위하여

죽어야 함을 알아야 합니다.

잠에서 깨어나지 않으면 죽은 영으로 있기에 하나님을 두려워하지 않아도 됩니다. 잠에서 깨어나 하나님에게 죽임을 당할까 두려워하면 영을 살리지 않고 죽어야 합니다. 그러면 예수는 영을 살림에 있어 하늘에서 살아 계신 아버지가 반드시 영을 살림을 믿으면 허공에서 살아 있는 하나님을 두려워하지 않게 된다고 가르쳐준 것입니다.

가난한 자는 부자가 아니기에 원하는 것이 있습니다.

가난한 자는 원하는 것이 있지만 거지가 아니기에 구걸하지 않고 마음으로 간절히 구합니다. 그리고 가난한 자에게 전파되는 복음은 육체가 아닌 영을 살리라는 것이기에 마음으로 육체가 아닌 영이 살기를 간절히 구하면 예수가 가르쳐준 진리(복음)를 알기에 복이 있게 된다는 것입니다.

예수는 아버지가 하시는 일을 보고 우리에게 말함

↓

소경이 보며 ⇒ 마음의 눈을 뜨게 하여 아버지가 빛으로 밝히는 하늘로 인도함

앉은뱅이가 걸으며 ⇒ 시험에 든 우리가 마음으로 깨달아 진리에 있으면 함정(거짓)에서 벗어나게 됨

문둥이가 깨끗함을 받으며 ⇒ 마음으로 영을 살려달라고 간절히 구하면 아버지가 죽는 병에 걸린 영을 고쳐줌

귀머거리가 들으며 ⇒ 사람으로 있는 우리가 아버지를 떠난 아들임을 알면 아버지가 하늘에서 살아 계심을 가르쳐줌

죽은 자가 살아남 ⇒ 육체에서 깊은 잠에 빠져 있는 영임을 알면 정신을 차리고 잠에서 깨어나게 함

가난한 자에게 복음이 전파 ⇒ 선지자와 의인이 말하지 못하는 진리를 마음으로 알려고 하면 천국 복음을 알게 됨

•

창세기 2:8 여호와 하나님이 동방의 에덴에 동산을 창설하시고 그 지으신 사람을 거기 두시고

하나님은 사람을 만들고 사람에게 땅을 다스리게 하자고 하였습니다. 그리고 땅에 산을 만들고 아담을 인도합니다. 그런데 아담을 동산으로 인도하면 아담은 땅을 다스리지 못한 것입니다. 그러면 하나님은 아담을 동산으로 인도하고 산의 정상에서 네가 다스리는 땅을 보라고 꾄 것입니다.

하나님이 땅에 산을 만들고 아담을 인도함

↓

하나님은 사람을 만들고 사람에게 땅을 다스리게 하자고 함	⇒	아담을 동산으로 인도하면 아담은 땅을 다스리지 못한 것임
하나님은 아담을 동산으로 인도하고 산의 정상에서 네가 다스리는 땅을 보라고 꾄 것임	⇒	하나님은 땅을 다스리게 하자면서 마치 땅을 주는 것처럼 꾀었지만 아담은 그것을 모름

1. 동산으로 들어가면 땅은 아담이 있어도 괜찮은 곳인가요?

하나님은 아담을 동산에 두고 나무들을 나오게 합니다. 동산은 광야와 같기에 땅에 있던 아담이 동산으로 들어갈 이유가 없습니다. 땅이 아담이 있어도 괜찮은 곳이면 나무가 없는 산으로 들어갈 이유가 없기 때문입니다. 그런데 동산으로 들어갔으니 땅은 아담이 있을 곳이 아니었다는 것입니다.

하나님은 아담을 동산에 두고 먹기에 좋은 나무들을 나오게 함

↓

땅이 아담이 있어도 괜찮은 곳이면 나무가 없는 산으로 들어갈 이유가 없음 ⇒ 아담이 동산으로 들어가면 땅은 아버지를 떠난 아들이 있을 곳이 아니라는 것임

땅에는 생기로 살아 있는 생물들과 나무와 채소와 풀들이 있습니다.

땅에는 생기로 자신을 불로 태우는 것들이 있습니다. 아담은 아버지를 떠나 땅에 있으면서 불에 태워지며 죽는 고통을 당한 것입니다. 그러면 아담은 아버지를 떠나 불에 타는 고통을 당하였기에 사람이 되어 동산으로 들어간 것입니다.

땅에는 생기로 자신을 불로 태우는 것들이 있음

↓

아담은 아버지를 떠나 땅에 있으면서 불에 태워지며 죽는 고통을 당함 ⇒ 아담은 아버지를 떠나 불에 태워지는 고통을 당하였기에 사람이 되어 동산으로 들어간 것임

아담이 불에 태워진 것은 숨을 쉬면서 살아 있는 영이기 때문입니다.

생물들은 아담에게 불에 타지 않으려면 우리처럼 생기로 있는 생령(하나님의 모습)이 되라한 것입니다. 생물들은 아담에게 하나님처럼 생기로 있는 생령(하나님의 모습)이 되면 불에 타는 고통을 당하지 않는다고 꾄 것입니다. 그러면 아담이 하나님같이 되려고 하였기에 하나님이 우상(흙으로 만들어진 사람)으로 있는 생령(하나님의 모습)으로 만든 것이 됩니다. 그런데 하나님이 아담을 동산으로 인도하면 아담은 생기로 있는 생령(하나님의 모습)이 되지 못하고 불에 타는 고통에서 벗어나지 못한 것입니다.

아담이 불에 태워진 것은 숨을 쉬면서 살아 있는 영이기 때문임

↓

생물들은 아담에게 불에 타지 않으려면 우리처럼 생기로 있는 생령(하나님의 모습)이 되라한 것임	⇒	생물들은 아담에게 하나님같이 생기로 있는 생령이 되면 불에 타지 않는다고 꾄 것임
아담이 하나님같이 되려고 하였기에 하나님이 우상(흙으로 만들어진 사람)으로 있는 생령(하나님의 모습)으로 만든 것이 됨	⇒	하나님이 아담을 동산으로 인도하면 아담은 생기로 있는 생령이 되지 못하고 불에 타는 고통에서 벗어나지 못한 것임

땅에는 자신을 불로 태우는 생물들이 있었습니다.

생물은 생기로 자신을 태우는 불(하나님의 모습)입니다. 하나님은 사람을 생기로 있는 불이 아니라 생기로 있는 생령(하나님의 모습)으로 만들었다고 합니다. 아버지를 떠나 사람이 된 아담은 불인 생물들이 있는 땅에서 불에 태워지는 고통을 당한 생령입니다.

하나님이 사람(생기로 있는 생령)을 만들었다고 말합니다. 그러나 동산으로 인도하면 아담을 생기로 있는 생령으로 만들지 못한 것이기에 우리는 숨을 쉬면서 살아 있는 영임을 알아야 합니다.

땅에는 자신을 불로 태우는 생물들이 있었음

↓

생물들은 자신을 불로 태우는 생기인 하나님의 모습임	⇒	아담을 생기로 있는 생령(하나님의 모습)이라함
아담은 생기로 있는 생령이지만 불에 타는 고통을 당함	⇒	아담은 불을 피하여 동산으로 들어갔으니 우리는 생기가 아니라 숨을 쉬면서 살아 있는 영임을 알아야함

아담은 불에 타는 고통에서 벗어나려고 하나님의 모습이 되기를 원한 것입니다.

불에 타는 고통에서 벗어나려고 동산(하나님의 집)으로 들어갑니다. 아담은 불에 타는 고통을 당하면서 아버지가 아니라 하나님에게 살려달라고 매달린 것입니다.

아담은 아버지를 떠나 땅에서 불에 태워지는 고통을 당함

↓

하나님이 인도하는 산으로 감 ⇒ 아버지를 찾지 않음

땅에 있는 하나님의 산(집)으로 감 ⇒ 하늘로 돌아가지 않음

하나님에게 살려 달라함 ⇒ 아버지에게 살려 달라 하지 않음

아담은 불에 타지 않으려 하나님의 모습이 되기를 원함	⇒	때가 되면 영원히 꺼지지 않는 불에 태워지기에 우리는 늦기 전에 아버지에게 살려 달라 매달려야 함

2. 하나님은 아버지를 떠나 허공(아버지가 없는 하늘)의 주인으로 있습니다.

하나님은 아버지에게 돌아가지 않고 허공(아버지가 없는 하늘)의 주인으로 있습니다. 그러면 아담은 하나님을 대신하여 땅의 주인이 되려고 하나님의 모습이라면서 아버지에게 돌아가지 않겠다한 것입니다.

하나님(빛의 영)은 허공(아버지가 없는 하늘)의 주인으로 있음

↓

아담은 아버지가 없는 땅의 주인이 되려고 아버지에게 돌아가지 않음	⇒	하나님이 아버지를 떠난 아담을 사람으로 만듦
아담은 간교한 하나님의 말에 미혹되어 아버지에게 돌아가지 않음	⇒	하나님이 아담을 하나님의 모습으로 만듦

아담은 간교한 하나님의 말에 미혹되어 하나님을 대신하여 땅을 다스리려함	⇒	하나님은 아담에게 땅의 주인이라면서 간교하게 자신을 하늘의 주인으로 만들려고 함

하나님은 허공(아버지가 없는 하늘)의 주인이기에 아버지가 없는 고아입니다. 그런데 하나님이 아담(아버지를 떠난 아들)을 고아인 사람으로 만듭니다. 그러면 하나님은 아담(아버지를 떠난 아들)을 자신처럼 아버지가 없는 고아로 만든 것입니다.

아담은 아버지가 없는 땅에 있습니다.

아담은 아버지가 없는 땅에 있고 하나님은 허공(아버지가 없는 하늘)의 주인으로 있습니다. 아담이 생기로 있는 생령이 되면 하나님을 대신하여 땅에서 주인(살아 있는 영) 노릇을 하려한 것입니다.

하나님은 허공(아버지가 없는 하늘)의 주인으로 있음

↓

아담은 아버지가 없는 땅에 있음	⇒	하나님이 아담을 생기로 있는 생령으로 만들었다고 말함
아담은 하나님을 대신하여 땅에서 주인(살아 있는 영) 노릇을 하려고 한 것임	⇒	아담은 땅의 주인이 아니기에 생기로 있는 생령이 아니라 우상(죽은 영)이 됨

아담은 땅의 주인이 되려고 하였지만 하나님의 아들이 되지 못하고 사람인 고아가 됩니다. 그리고 하나님을 대신하여 주인(살아 있는 영) 노릇을 하면 생기로 있는 생령이 아니라 우상(죽은 영)이 됩니다. 그러면 하나님은 아담을 미혹하여 하나님을 대신하여 주인(살아 있는 영) 노릇하는 우상(죽은 영)으로 만든 것입니다.

아담은 하늘(아버지의 집)로 돌아간 것이 아닙니다.

아담이 동산으로 들어가면 아버지를 찾지 않은 것입니다. 아담은 불에 타는 고통에서 벗어나려 하였지만 아버지를 찾지 않은 것입니다. 아담은 하늘로 돌아가지 않고 사람(생기로 있는 생령)이라면서 동산(하나님이 땅에 만든 산)으로 들어간 것입니다.

하나님은 사람을 동산으로 인도합니다. 아담은 하나님의 아들이 아니라 사람으로 동산에 있게 됩니다. 하나님은 아담에게 생기로 살아 있는 영(하나님의 모습)이라면서 나의 아들이라고 말한 것이 아닙니다. 그러면 아담에게 마치 하나님의 아들인 것처럼 꾀어 아담이 스스로 하나님의 아들이 되기를 원하게 만든 것입니다.

하나님은 사람을 동산으로 인도한 것임

↓

아담은 하나님의 아들이 아닌 사람으로 동산에 있는 것임	⇒	하나님은 아담에게 생기로 살아 있는 영(하나님의 모습)이라면서 나의 아들이라 하지 않고 나의 아들이 되라고 꾄 것임

3. 하나님은 동방의 에덴에 동산을 창설합니다.

동산은 하나님이 땅에 만든 산입니다. 동방의 에덴에 동산을 만들면 동방의 땅에 산을 만든 것입니다. 그런데 동방이란 동쪽이기에 땅의 동쪽에 산을 만든 것입니다.

땅의 동쪽은 어디인가요? 동쪽은 해가 뜨는 땅입니다. 땅의 동쪽에서 해가 뜨는 땅에 동산을 만든 것입니다.

땅의 동쪽은 해가 뜨고 서쪽은 해가 집니다. 해가 뜨는 땅은 아침이고 해가 지는 땅은 저녁입니다. 그러면 해가 뜨는 아침의 땅에 동산을 만든 것입니다.

땅의 동쪽	⇔	땅의 서쪽
↓		
해가 뜨는 곳	⇔	해가 지는 곳
아침으로 있는 땅	⇔	저녁으로 있는 땅
하나님이 동산을 만든 땅	⇔	하나님이 만든 산이 없는 땅
하나님이 주인으로 있는 땅은 아침이라 한 것임	⇔	하나님이 주인으로 있지 않는 땅은 저녁이라 한 것임

동산은 해가 뜨는 땅에 있기에 아침으로 있는 산입니다.

밤에서 아침이 됩니다. 아담을 아침으로 인도하면 아담은 밤에 있던 것입니다. 그러면 아담은 밤으로 있던 땅에서 아침으로 있는 산으로 간 것입니다.

달을 보면 낮과 밤이 만나는 곳이 저녁과 아침입니다. 해가 비추는 낮과 해가 비추지 않는 밤이 만나는 곳이 저녁과 아침입니다. 그런데 해가 뜨는 동산은 해안선에 있기에 해는 바다를 낮으로 만듭니다. 달을 보면서 밤을 땅으로 낮을 바다로 생각해 보시기를 원합니다.

땅에는 자신을 불로 태우면서 땅을 낮(하나님의 집)으로 만든 생물들이 있습니다. 그런데 하나님이 땅에 있던 아담을 아침으로 인도하였기에 땅은 밤이 됩니다. 그러면 땅을 불로 태운 생물들은 땅을 낮(하나님의 집)으로 만들지 못하기에 자신을 불로 태우지 못합니다.

하나님이 땅에 동산(하나님의 집)을 만듦

↓

생물들이 땅을 낮으로 만듦	⇒	생물들은 동산(하나님의 집)으로 인하여 땅을 낮(하나님의 집)으로 만들지 못함

생물들은 동산(하나님의 집)으로 인하여 땅의 주인이 되지 못함	⇒	땅의 주인이 되려면 동산(하나님의 집)을 없애야함

•

창세기 2:9 여호와 하나님이 그 땅에서 보기에 아름답고 먹기에 좋은 나무가 나게 하시니 동산 가운데에는 생명나무와 선악을 알게 하는 나무도 있더라 15 여호와 하나님이 그 사람을 이끌어 에덴동산에 두사 그것을 다스리며 지키게 하시고

사람(생령)을 동산에 두고 생명나무와 선악을 알게 하는 나무를 있게 합니다. 사람(생령)을 만든 후에 생명나무를 만들었기에 아담은 그 열매를 먹지 않아도 살아 있는 영입니다. 사람(생령)을 만든 후에 선악을 알게 하는 나무를 만들었기에 아담은 죽지 않는 영입니다.

하나님이 아담을 동산으로 인도한 것은 시험에 들게 한 것입니다. 하나님은 아버지를 떠나 사람이 된 아담을 죽이려고 생명나무와 선악을 알게 하는 나무를 두고 시험한 것입니다.

생명나무를 있게 함 ⇒ 죽어야 하는 자가 죽지 않으려면 생명나무 열매를 먹어야 함 ⇒ 선악을 알게 하는 나무 열매를 먹은 자가 먹는 열매임 ⇒ 생명나무 열매를 먹으면 선악을 알게 하는 나무 열매를 먹지 않아도 먹은 자가 됨

1. 하나님은 사람을 나무가 없는 동산으로 인도합니다.

성령이 예수를 광야(시험장)로 인도하여 시험에 들게 합니다. 자신만 살아 있는 영이라는 하나님이 아담을 동산으로 인도하면 동산은 시험장입니다. 하나님은 아담을 죽이려고 동산(시험장)으로 인도하고 생명나무와 선악을 알게 하는 나무를 두었으니 함정을 파고 시험에 들게 한 것입니다.

아담이 동산에서 한 일을 알면 어떻게 시험(함정)에 빠졌는지 알 수 있습니다. 그리고 하나님이 아담에게 한 말과 시킨 일을 알면 아버지를 떠난 아들을 어떻게 죽이려고 하는지 알게 됩니다.

하나님은 자신을 위하여 땅에 산을 만든 것입니다.

하나님은 아담을 동산으로 인도하고 생명나무와 선악을 알게 하는 나무를 만듭니다. 그리고 생명나무와 선악을 알게 하는 나무가 있는 산을 떠나지 못하게 하려고 다스리며 지키게 합니다.

하나님이 아담을 위하여 동산을 만들면 하나님은 아담을 위하여 일한 것이 됩니다. 하나님이 아담을 위하여 일하면 아담은 그 값으로 하나님을 대신하여 동산에서 일하여야 합니다.

하나님이 아담을 위하여 나무들을 만들면 아담은 그 열매들을 먹고 죽지 않아야 합니다. 그런데 하나님은 아담(아버지를 떠난 아들)을 죽여 자신만 살아 있는 영이라 말하려고 나무들 속에 선악을 알게 하는 나무를 만듭니다. 하나님은 자신을 위하여 나무들을 만들었기에 아담(아버지를 떠난 아들)은 그 값을 치르지 않아도 되지만 정신이 혼미하기에 하나님을 대신하여 동산에서 일한 것입니다.

하나님은 아담을 살리려고 동산으로 인도한 것일까요?

아담을 살리려면 선악을 알게 하는 나무를 만들지 않아야 합니다. 그리고 아담(생령)을 남자(육체)로 만들어 살아 있는 영으로 있지 못하게 합니다. 그러면 하나님은 아담(아버지를 떠난 아들)을 죽이려고 동산으로 인도한 것입니다.

아담이 그 열매를 먹었다고 동산에서 쫓아냈고 생명나무 열매를 먹지 못하게 합니다. 하나님은 선악을 알게 하는 나무 열매를 먹이려고 동산으로 인도한 것임을 알아야 합니다.

2. 하나님은 아담에게 동산을 다스리며 지키라고 시킵니다.

동산은 하나님이 땅에 만든 산이기에 하나님의 집입니다. 하나님이 동산(하나님의 집)에서 일하라고 시키면 아담을 종으로 만들려고 꾄 것입니다. 그러나 아담은 정신이 혼미하여 자신이 시험(함정)에 들었음을 모릅니다.

동산은 하나님이 땅에 만든 산이기에 하나님의 집임

↓

동산(하나님의 집)에서 일하라고 시키면 아담을 종으로 만들려고 꾄 것임	⇒	아담은 정신이 혼미하여 시험(함정)에 들었음을 모름

하나님은 동산(하나님의 집)을 다스리며 지키라면서 나를 대신하여 일하라고 시킨 것입니다. 그러나 아담은 다스리며 지키라는 하나님의 말에 미혹되어 자신을 동산(하나님의 집)의 주인이라 한 것입니다.

하나님이 아담에게 동산을 다스리며 지키라고 시킴

↓

하나님은 동산(하나님의 집)을 다스리며 지키라면서 나를 대신하여 일하라고 시킨 것임	⇒	아담은 다스리며 지키라는 하나님의 말에 미혹되어 자신을 동산(하나님의 집)의 주인이라 함

하나님은 아담(아버지를 떠난 아들)을 사람(고아)으로 만들고 종으로 삼은 것입니다.

아담은 동산을 다스리며 지키라는 하나님의 말에 미혹되어 하나님의 종이 되었음을 모릅니다. 하나님은 동산을 다스리며 지키라는 말로 아담을 시험한 것이고 아담(아버지를 떠난 아들)은 함정에 빠져 자신을 하나님의 아들이라 한 것입니다.

하나님이 아담에게 동산을 다스리며 지키라고 말함

↓

동산을 다스리며 지키라고 말한 것은 하나님을 대신하여 일하라고 시킨 것임	⇒	아담은 동산을 다스리며 지키라는 하나님의 말에 미혹되어 자신을 하나님의 아들이라고 함
하나님은 동산을 다스리며 지키라는 말로 아담을 시험한 것임	⇒	정신이 혼미한 아담은 동산을 다스리며 지키라는 함정에 빠져 자신을 하나님의 종이 아니라고 함

하나님은 사람을 만들어 땅을 다스리게 하겠다고 하였습니다.

사람에게 땅을 다스리게 하면 사람은 땅의 주인이 아닙니다. 하나님은 사람에게 땅을 다스리게 하면서 땅의 주인이 되려 하는데 우리는 미혹되어 사람에게 땅을 주었다고 말합니다. 하나님은 아담(아버지를 떠난 아들)을 동산(하나님의 집)의 주인으로 만들려고 동산으로 인도한 것이 아닙니다.

하나님은 사람을 만들어 땅을 다스리게 하겠다고 하였음

↓

사람에게 땅을 다스리게 하면 사람은 땅의 주인이 아님	⇒	땅을 다스리라고 말하려면 땅의 주인이어야 함
하나님은 사람에게 땅을 다스리게 하여 자신을 땅의 주인으로 만들려한 것임	⇒	우리가 땅을 다스리면 하나님을 땅의 주인으로 만들려고 하나님을 위하여 일하는 종이 됨
우리는 하나님이 사람에게 땅을 주었다고 말함	⇒	하나님을 대신하여 땅의 주인이 되면 하나님을 땅의 주인으로 만든 것임

3. 사람은 생령(살아 있는 영)이면서 우상(죽은 영)입니다.

생령(살아 있는 영)이면서 우상(죽은 영)이면 살아 있는 죽은 영입니다. 하나님이 사람(살아 있는 죽은 영)을 동산(하나님의 집)에 둡니다. 그런데 살아 있는 죽은 영이 있는 곳은 무덤이기에 하나님의 집은 무덤입니다. 그러면 하나님은 우상(흙으로 만들어진 사람)에게 생령(살아 있는 영)이라면서 자신의 집이 무덤임을 숨기려고 미혹한 것입니다.

사람은 생령(살아 있는 영)이면서 우상(죽은 영)임

↓

생령이면서 우상(죽은 영)이면 살아 있는 죽은 영임	⇒	사람(살아 있는 죽은 영)을 동산(땅에 있는 하나님의 집)에 둠
살아 있는 죽은 영이 있는 곳은 무덤이기에 하나님의 집은 무덤임	⇒	하나님은 우상(흙으로 만들어진 사람)에게 생령(살아 있는 영)이라면서 자신의 집이 무덤임을 숨김

아담(생령)이 동산에서 죽으면 동산은 무덤입니다. 그러나 땅에서 죽으면 동산(하나님의 집)은 무덤으로 들어가는 문입니다. 그러면 동산(하나님의 집)은 아담(아버지를 떠난 아들)을 죽이려고 시험한 곳이기에 하나님이 땅에 사망(무덤)으로 들어가는 문을 만든 것입니다.

하나님은 아담(아버지를 떠난 아들)에게 동산에서 일하라고 시킵니다.

동산은 하나님이 땅에 만든 자신의 산(집)이기에 자신이 다스리면서 지켜야 합니다. 그런데 아담(아버지를 떠난 아들)에게 그 일을 하라하면 자신을 대신하여 일하라고 시킨 것입니다. 그리고 아담(아버지를 떠난 아들)이 하나님을 대신하여 동산에서 일하면 하나님은 동산의 주인이 됩니다.

아담(아버지를 떠난 아들)에게 동산에서 일하라고 시킴

↓

동산은 하나님이 땅에 만든 자신의 산(집)이기에 자신이 다스리면서 지켜야함	⇒ 아담(아버지를 떠난 아들)이 하나님을 대신하여 동산에서 일하면 하나님은 동산의 주인이 됨

집을 관리하지 않으면 무너지는 폐가가 됩니다.

동산을 관리하지 않으면 하나님의 집은 무너지는 폐가가 됩니다. 하나님의 집은 하나님이 관리하여 무너지지 않게 하여야 하지만 아담에게 다스리며 관리하라 시킵니다. 그러면 하나님은 자신의 집을 아담에게 관리하게 하여 자신의 집이 무너지는 폐가임을 숨기려한 것입니다.

사람이 살지 않는 집은 귀신이 사는 흉가입니다. 하나님의 집에는 하나님이 살아야 하지만 사람에게 지키면서 살라 합니다. 동산에 아담(아버지를 떠난 아들)이 살지 않으면 하나님의 집은 귀신(죽은 영)의 집이 됩니다. 하나님은 자신이 죽은 영이기에 아담(아버지를 떠난 아들)을 자신의 집에 살게 하여 자신의 집이 무덤임을 숨기려한 것입니다.

아담(아버지를 떠난 아들)에게 동산에서 일하라고 시킴

↓

하나님의 집은 하나님이 관리하여 무너지지 않게 하여야함	⇒ 하나님은 아담(아버지를 떠난 아들)에게 자신의 집을 관리하게 하여 자신의 집이 폐가임을 숨기려한 것임
하나님의 집에는 하나님이 살아야 하지만 아담에게	⇒ 하나님은 아담(숨을 쉬면서 살아 있는 영)을 자신의 집에 살게 하

에게 지키면서 살라함　　　　　여 자신의 집이 무덤임을 숨김

하나님이 아담을 동산에서 쫓아내면 하나님의 집은 폐가이고 흉가가 됩니다. 그러면 하나님이 아담을 쫓아내고 동산을 갈아엎은 것은 자신의 집이 무덤임을 숨기려한 것입니다.

아담(아버지를 떠난 아들)에게 동산을 다스리라고 시킵니다.

아담은 동산(하나님의 집)을 관리하여 폐가로 만들지 않아야 합니다. 동산(하나님의 집)을 관리하면서 보기에 아름다운 나무가 있는 정원으로 만들어야 합니다.

그런데 동산을 만든 자는 하나님이기에 하나님이 동산(하나님의 집)을 가꾸면서 아름다운 정원으로 만들어야 합니다. 하나님은 동산(하나님의 집)을 만들기만 하고 일하지 않겠다한 것입니다.

하나님은 아담에게 동산(하나님의 집)을 아름다운 정원으로 만들라며 자신이 할 일을 아담에게 시킵니다. 하나님은 자신이 할 일을 아담에게 시켰기에 마음에 들지 않으면 화를 냅니다. 그러면 아담은 하나님의 마음에 들려고 혼자 동산(하나님의 집)을 아름다운 정원으로 만들면서 쉬지 못하고 일하여야 합니다.

하나님은 생령인 아담에게 동산을 지키라고 시킵니다.

하나님은 아담에게 생령이라면서 동산으로 인도합니다. 아담(생령)이 지키면 죽은 영은 동산으로 들어가지 못합니다. 아담(아버지를 떠난 아들)은 동산을 지키면서 동산(하나님의 집)은 무덤이 아니라한 것입니다.

하나님은 아담에게 생령이라면서 동산으로 인도함

↓

아담(생령)이 동산을 지키면 ⇒ 아담(아버지를 떠난 아들)은 동

죽은 영은 땅에 있는 하나님의 집으로 들어가지 못함	산을 지키면서 하나님의 집은 무덤이 아니라고 한 것임

사람은 흙으로 만들어진 우상이기에 살아 있는 죽은 영입니다. 그러면 살아 있는 죽은 영이 하나님의 집은 무덤이 아니라면서 우리(아버지를 떠난 아들인 살아 있는 영)에게 사망의 문을 여는 자입니다. 그런데 하나님은 자신만 살아 있는 영이라고 말하기에 동산(하나님의 집)에 아버지를 떠난 아들이 있으면 하나님에게 죽임을 당하게 됩니다.

•

창세기 2:16 여호와 하나님이 그 사람에게 명하여 가라사대 동산 각종 나무의 실과는 네가 임의로 먹되 17 선악을 알게 하는 나무의 실과는 먹지 말라 네가 먹는 날에는 정녕 죽으리라 하시니라

하나님은 사람에게 나무의 열매를 먹으라고 합니다. 아담에게 나무의 열매를 먹으라하면 너는 사람이라고 꾄 것입니다. 하나님은 아담(아버지를 떠난 아들)에게 너는 고아이지 하나님의 아들이 아니라 한 것입니다.

하나님은 사람에게 나무의 열매를 먹으라고 시험함

↓

아담(아버지를 떠난 아들)에게 너는 사람이라고 말한 것임 ⇒ 하나님은 아담에게 너는 고아이고 나의 아들이 아니라함

아버지를 떠난 아담에게 고아이고 하나님의 종이라 함 ⇒ 아담은 아버지를 떠나 동산(하나님의 집)에서 일하는 고아가 됨

1. 하나님은 사람에게 나무의 열매를 양식으로 줍니다.

동산에 있는 것은 아버지를 떠나 사람이 된 아담입니다. 나무의 열매를 먹는 사람(고아)이라고 꾄 것입니다. 그리고 나무의 열매를 먹지 않으면 사람(고아)이 아니라고 꾄 것입니다.

동산에 있는 것은 아버지를 떠나 사람이 된 아담임

↓

나무의 열매를 먹으면 사람(고아)이라고 꾄 것임 ⇒ 나무의 열매를 먹지 않으면 사람(고아)이 아니라고 꾄 것임

그런데 아담은 아버지를 떠나 사람(고아)이 되었기에 자신이 아버지의 아들임을 모릅니다. 나무의 열매를 먹지 않으면 사람(고아)이 아니라 아버지의 아들이라고 한 것이 아닙니다. 나무의 열매를 먹지 않으면 사람(고아)이 아니라 하나님의 아들이라고 꾄 것입니다.

아담은 아버지를 떠나 사람(고아)이 되었음

↓

나무의 열매를 먹지 않으면 아버지의 아들이라 한 것이 아님	⇒	나무의 열매를 먹지 않으면 하나님의 아들이라 한 것임

그런데 선악을 알게 하는 나무의 열매를 먹지 말라고 말합니다. 선악을 알게 하는 나무의 열매를 먹지 않으면 하나님의 아들이 된다고 꾄 것입니다. 그러나 다른 나무의 열매를 먹으면 사람이기에 하나님의 아들이 되려면 아담은 모든 나무의 열매를 먹지 않아야 합니다.

아담은 아버지를 떠나 하나님의 아들이 되려고 고아(사람)가 된 것입니다.

사람이 아니라 하려면 나무의 열매를 먹지 않아야 합니다. 하나님의 아들이 되려면 나무의 열매를 먹지 않아야 합니다. 그러면 동산에 있는 나무는 먹지 못하는 열매를 맺은 것입니다. 그리고 아담은 동산(하나님의 집)을 먹지 못하는 열매를 맺는 나무가 있는 정원으로 만들려고 헛된 일을 한 것입니다.

아담은 하나님의 아들이 되려고 고아(사람)가 된 것임

↓

사람이 아니라 하려면 나무의 열매를 먹지 않아야함	⇒	하나님의 아들이 되려면 나무의 열매를 먹지 않아야함

동산(하나님의 집)에 있는 나무는 먹지 못하는 열매를 맺은 것임 ⇒ 아담은 동산(하나님의 집)을 먹지 못하는 열매를 맺는 나무가 있는 정원으로 만들려고 헛된 일을 한 것임

아담이 헛된 일을 하지 않으려면 동산(하나님의 집)을 떠나야 하지만 다스리며 지킵니다. 아담은 하나님의 아들이 되려고 먹지 못하는 열매를 맺는 동산(하나님의 집)에서 헛된 일을 한 것입니다.

동산에서 일하라면서 나무의 열매를 먹으라고 합니다.

동산에서 일하는 삯으로 나무의 열매를 준 것입니다. 동산에서 일하는 삯으로 나무의 열매를 받으면 동산의 주인은 하나님입니다. 아담은 하나님에게서 동산에서 일하는 품값을 받기에 하나님의 종이지 하나님의 아들이 아닙니다.

하나님은 동산에서 일하라면서 나무의 열매를 먹으라고 함

↓

동산에서 일하는 삯으로 나무의 열매를 줌 ⇒ 하나님에게서 삯을 받으면 일꾼이기에 동산의 주인은 하나님이 됨

하나님은 아담에게 품값을 주면서 내가 동산의 주인이라 합니다. 그리고 동산에서 쫓아내 땅을 경작하며 나오는 것을 먹으라 하면 품값을 주면서 내가 땅의 주인이라 한 것입니다. 하나님은 땅의 주인이 되려고 아담을 미혹하여 시험에 들게 핀 것입니다.

하나님이 아담에게 품값을 주면 그 값을 치르지 않아도 됩니다. 하나님은 아담에게 치를 값이 없고 아담은 하나님에게 받을 것이 없습니다. 아담은 하나님을 대신하여 일하는 값을 받았기에 아버지를 떠나 하나님(빛의 영)을 주인으로 섬기는 종이 된 것입니다.

2. 각종 나무의 열매를 임으로 먹되 선악을 알게 하는 나무의 열매를 먹지 말라 합니다.

하나님은 종인 아담에게 선악을 알게 하는 나무의 열매를 먹지 말라 합니다. 하나님은 종인 아담에게 선악을 알게 하는 나무의 열매를 먹지 말라고 명령하면서 시험에 들게 한 것입니다. 나무의 열매를 먹지 않으면 사람이 아니기에 하나님의 아들이 되어야 하지만 선악을 알게 하는 나무의 열매를 먹지 않으면 하나님의 말을 따르는 하나님의 종이 됩니다.

선악을 알게 하는 나무의 열매를 먹지 않으면 사람이 아님

↓

그 열매를 먹지 않으면 하나님의 아들이어야 함 ⇒ 그 열매를 먹지 않으면 하나님의 말을 지키면서 따르는 하나님의 종임

그 나무의 열매를 먹지 말라고 하면 삯으로 준 것이 아닙니다.

그 나무의 열매는 삯이 아니라고 말한 것입니다. 그 열매는 삯으로 주지 않았기에 먹으면 훔친 도적이 됩니다. 그 열매를 먹으면 반드시 죽는다고 말한 것은 동산(하나님의 집)의 주인이 되려는 도적이기에 죽는다고 말한 것입니다.

그 나무의 열매를 먹지 말라는 것은 삯으로 준 것이 아님

↓

그 열매를 먹으면 훔친 것이기에 동산(하나님의 집)에 있는 도적이 됨 ⇒ 그 열매를 먹으면 동산(하나님의 집)의 주인이 되려는 도적이기에 죽는다고 말한 것임

죽지 않으려면 생명나무 열매를 먹으라고 말하지 않습니다.

생명나무 열매를 먹으라고 하지 못한 것은 아담(숨을 쉬면서 살아

있는 영)이 사람이 되었기 때문입니다. 생명나무 열매를 먹으라고 하지 못한 것은 아담이 죽지 않고 숨을 쉬면서 살아 있는 영이기 때문입니다.

하나님이 만든 생명나무와 선악을 알게 하는 나무가 있음

↓

선악을 알게 하는 나무 열매를 먹지 말라고 함	⇒	생명나무 열매를 먹으라고 말하지 못함
그 나무의 열매를 먹으면 반드시 죽는다고 말함	⇒	생명나무의 열매를 먹어야 결코 죽지 않는다고 말하지 못함
살아 있는 영이 그 열매를 먹으면 죽음	⇒	살아 있는 영은 생명나무의 열매를 먹지 않아도 살아 있음

↓

아담은 나무의 열매를 먹지 않아야 죽지 않고 살아 있는 영으로 있게 됨	⇒	정신이 혼미한 아담은 하나님의 말에 미혹되어 죽으려고 나무의 열매를 먹음

3. 선악을 알게 하는 나무 열매를 먹으면 반드시 죽으니 그 열매를 먹지 말라 합니다.

하나님이 왜 생명나무와 그 나무를 만들었는지 모르면 우리가 죽는 것을 걱정하기에 그 열매를 먹지 못하게 하였다는 시험에 빠져야 합니다. 그리고 시험에 빠지면 함정에 빠졌음을 모르기에 하나님이 왜 생명나무와 그 나무를 동산의 가운데(정산)에 만들었는지 알려고 하지 않게 됩니다.

아담은 땅에서 살아 있는 영으로 있었음

↓

땅에는 동산이 없었음	⇒	하나님이 땅에 산을 만듦
생명나무와 선악을 알게 하는 나무가 없는 땅에 있음	⇒	생명나무와 그 나무가 있는 하나님의 산(집)에 있음
나무의 열매를 먹지 않아도 살아 있는 영으로 있음	⇒	그 나무의 열매를 먹지 않고 살아 있는 영으로 있으려함
나무의 열매를 먹지 않아도 살아 있는 영을 동산에 둠	⇒	아담을 나무의 열매를 먹는 죽은 영으로 만들려한 것임

생명나무 열매를 구하기에 하나님이 선악을 알게 하는 나무를 만들었음을 알려고 하지 않는 것입니다. 생명나무 열매를 구하기에 하나님이 왜 먹으면 반드시 죽는 열매를 맺는 나무를 만들었는지 알려고 하지 않는 것입니다.

아담은 생명나무가 없는 땅에서 살아 있는 영으로 있었습니다.

선악을 알게 하는 나무가 없는 땅에서 죽지 않는 생령으로 있었습니다. 동산(하나님의 집)이 없던 땅에서 죽지 않고 살아 있는 영으로 있었습니다.

그런데 하나님이 자신만 살아 있는 영이라 말하려면 아담(생령)을 죽여야 합니다. 하나님은 자신만 살아 있는 영이라 말하기에 사람(생령)을 만든 것은 거짓말(헛소리)입니다. 하나님이 사람(생령)을 만들었다고 믿으면 우리(아버지를 떠난 아들)는 죽은 영이 되려고 시험에 빠진 것입니다.

하나님은 아담을 죽이려고 생명나무와 선악을 알게 하는 나무를 만든 것입니다. 아담을 죽지 않게 하려고 동산에 둔 것이라 믿으면 우리는 자신만 살아 있는 영이라는 하나님을 위하여 죽으려고 시험에 빠진 것입니다.

하나님은 자신만 유일하게 살아 있는 영이라고 말함

↓

하나님은 아담이 살아 있음을 원하지 않음	⇒	하나님은 자신만 살아 있는 영이라 하기에 아담(생령)을 반드시 죽여야 함
하나님은 사람(생령을 만든 것이 아님	⇒	하나님은 우리를 시험에 들게 하여 하나님을 위하여 죽게 만들려고 함
아버지가 우리를 숨을 쉬는 영으로 만들었음을 알아야 함	⇒	하나님이 사람(생기로 있는 생령)을 만들었다 믿으면 생기(하나님의 모습)로 있는 불(죽은 빛)이 되어야함

아버지를 떠나 사람이 된 아담에게 나무의 열매를 먹으라 합니다.

아담을 동산에 두고 나무의 열매를 먹으라 합니다. 아담이 땅에서 나무의 열매를 먹지 못하였기에 나무의 열매를 먹게 하려고 동산에 두었다고 꾄 것입니다. 그리고 나무의 열매를 먹지 않아도 살아 있는 영인 아담에게 선악을 알게 하는 나무 열매를 먹으면 죽으니 다른 나무의 열매를 먹으라고 꾑니다.

병 주고 약 주는 자는 죽이려 하면서 마치 살리는 것처럼 보이려는 자입니다. 죽이려는 자가 자신을 숨기고 마치 살리는 자처럼 보이려는 것입니다. 선악을 알게 하는 나무 열매를 먹지 말라면서 죽지 않으려면 약(생명나무 열매)을 먹으라고 미혹한 것입니다. 그리고 하나님에게 약(생명나무 열매)을 구걸하면 병(선악을 알게 하는 나무 열매)에 걸린 자가 됩니다.

약을 먹으려면 병에 걸려야 함

↓

생명나무 열매를 구걸함	⇒	선악을 알게 하는 나무의 열매를 입으로 먹지 않았지만 속으로 먹은 것이 됨
죽지 않으려 함	⇒	속으로 반드시 죽게 되었다는 마음을 먹음
하나님에게 약(생명나무 열매)을 구걸함	⇒	반드시 죽는 병(선악을 알게 하는 나무 열매)을 준 자에게 살려 달라 구걸함

4. 아담은 죽지 않으려고 동산에 있기를 원한 것입니다.

땅에 있는 것을 원하지 않았기에 하나님을 따라 동산으로 들어간 것입니다. 동산을 떠나지 않으면 죽지 않고 살아 있기를 원한 것입니다. 아담은 하늘을 떠나 땅에서 죽는 고통을 당하였기에 동산에서 죽지 않으려한 것입니다.

땅에 있던 아담이 동산으로 들어 감

↓

아담은 하늘을 떠나 땅에서 죽는 고통을 당함	⇒	동산을 떠나지 않으면 죽지 않고 살아 있기를 원한 것임
죽는 고통에서 벗어나려 하지만 동산(하나님의 집)에서 하나님을 위하여 쉬지 못하고 일함	⇒	아버지를 떠났기에 죽임 당함을 모르면 하나님을 위하여 일하면서 죽어야함

아담은 속으로 죽는 것을 두려워한 것입니다.

선악을 알게 하는 나무의 열매를 먹지 않으면 죽음을 두려워한 것입니다. 아담은 죽음을 두려워하면서 품값(나무의 열매)을 받고 동산(하나님의 집)에서 일한 것입니다. 아담은 죽음이 두려웠기에 생명나무가 있는 동산에서 쫓겨나지 않으려고 하나님을 위하여 쉬지 않고 일한 것입니다.

아담은 속으로 죽는 것을 두려워한 것임

↓

선악을 알게 하는 나무의 열매를 먹지 않으면 죽음을 두려워한 것임 ⇒ 아담은 죽음이 두려웠기에 품값(나무의 열매)을 받으면서 동산(하나님의 집)에서 일한 것임

아담은 죽음이 두려웠기에 생명나무가 있는 동산에서 쫓겨나지 않으려고 하나님을 위하여 쉬지 않고 일한 것임 ⇒ 아담은 하나님이 살린다고 믿었기에 하나님을 위하여 일한 것임

아담은 죽음이 두려워 생명나무가 있는 동산에서 일한 것입니다.

살려는 것은 죽음을 두려워하기 때문입니다. 육체를 살리지 말라는 것은 육체가 죽음을 두려워하지 말라는 것입니다. 영을 살리라는 것은 영이 죽음을 두려워하라는 것입니다.

죽음이란 산 자에게 있는 것입니다. 숨을 쉬면서 살아 있기에 죽음을 두려워하는 것입니다. 숨을 쉬면서 살아 있는 우리가 죽음이 두려우면 어떻게 해야 할까요?

아버지를 떠난 것을 후회하면서 아버지에게 돌아가야 합니다. 아버지를 떠난 것을 후회하고 하늘로 들어가는 문(아버지의 마음)을 열어 달라 하여야 합니다. 그러나 정신이 혼미한 우리는 자신이 누구이고 왜 땅에 있는지 알려고 하지 않습니다.

우리는 자신만 살았다는 하나님을 주(주인님)라 부르면서 하나님에게 죽임 당하지 않기를 원합니다. 우리는 자신만 살았다는 하나님에게 죽임을 당하지 않겠다면서 하나님을 위하여 죽으려고 합니다.

우리는 자신이 누구이고 왜 땅에 있는지 알려고 하지 않음

↓

우리는 하나님에게 죽임 당하지 않기를 원함	⇒	우리는 죽지 않으려 하면서 하나님을 위하여 죽으려고 일함

죽지 않으려는 이유가 것인가요?

살아 있으면서 일하지 않고 놀면서 쉬겠다는 것입니다. 영원히 일하지 않으면서 살아 있는 행복을 느끼겠다는 것입니다. 그런데 하나님은 자신만 살아 있다 말하기에 자신만 살아 있는 행복을 누리려 합니다.

아담이 동산(하나님의 집)에서 쉬려면 어떻게 되어야 하는가요? 일하지 않고 쉬려면 죽거나 동산(하나님의 집)의 주인이 되어야 합니다. 그리고 아들은 아버지의 집에서 일하지 않으니 동산(하나님의 집)에서 쉬려면 하나님의 아들이 되어야 합니다.

그런데 아담은 하늘에서 살아 계신 아버지를 떠난 아들입니다. 일하지 않고 쉬려면 하늘에서 살아 계신 아버지에게 돌아가야 합니다. 그러나 아담은 동산(하나님의 집)에서 일하지 않으려 하나님의 아들이나 동산(하나님의 집)의 주인인 하나님같이 되기를 원한 것입니다.

•

창세기 2:18 여호와 하나님이 가라사대 사람의 독처하는 것이 좋지 못하니 내가 그를 위하여 돕는 배필을 지으리라 하시니라

하나님은 자신만 살아 있는 영이라고 말합니다. 하나님이 하는 일(말)은 우리(하늘에서 살아 계신 아버지를 떠난 아들)를 죽이려는 악한 일(말)입니다.

하나님이 속으로 마음으로 먹은 것 ⇒ 하나님이 하는 일과 말

↓

아담(살아 있는 영)를 죽이려는 더러운 계획(음모) ⇒ 아담(아버지를 떠난 아들)을 죽이려고 시험하기에 악한 것임

1. 하나님이 생기를 주었기에 생령이 되었다고 말합니다.

동산에서 일하라 시키면 자신을 대신하여 일하라고 생기를 준 것입니다. 그러나 일하는 품값으로 나무의 열매를 주면 하나님은 생기를 준 값을 받지 못한 것입니다. 그러면 생기를 주지 않았기에 품값으로 나무의 열매를 주면서 일하라고 시킨 것입니다.

하나님이 사람에게 생기를 주었다고 말함

↓

사람에게 동산에서 일하라고 시킴 ⇒ 자신을 대신하여 일하게 만들려고 사람에게 생기를 준 것이 됨

동산에서 일하는 품값으로 나무의 열매를 줌 ⇒ 하나님은 사람에게 생기를 주고 살린 값을 받지 못한 것임

하나님은 아담에게 생 ⇒ 우리에게 살린 값을 청구하지 못하기

기를 주지 않은 것임		에 우리를 죽이려고 시험하는 것임

하나님은 아담(아버지를 떠난 아들)에게 생기를 주지 않았습니다.

생기를 주지 않았으면서 동산(하나님의 집)에서 일하라고 시킵니다. 하나님은 자신을 위하여 거짓말을 하면서 마치 우리를 위하여 일하는 것처럼 미혹하는 간교한 영입니다.

하나님은 아담에게 생기를 주지 않았음

↓

생기를 주지 않았으면서 하나님을 위하여 일하라고 시킴	⇒	하나님은 자신을 위하여 거짓말로 꾀는 간교한 영임
하나님은 자신을 위하여 일하면서 사람을 위하여 일한다고 꾐	⇒	하나님은 자신을 위하여 일한 값을 우리에게 청구함
하나님은 하나님을 위하여 일하라고 미혹함	⇒	우리는 하나님을 위하여 일하면서 하나님을 위하여 스스로 죽으려고 함

생기로 있는 영이 되면 하나님의 집에서 살아 있는 값을 치러야 합니다.

때가 되면 생기로 살아 있는 값을 치러야 하기에 허공(아버지가 없는 하늘)에서 영원히 꺼지지 않는 불에 태워지면서 살아 있게 됩니다. 그러면 늦기 전에 천국(아버지의 나라)으로 들어가야 영원한 사망인 불못(하나님의 나라)으로 들어가지 않는다는 것입니다.

생기로 있는 영이 되면 하나님의 집에서 살아 있는 값을 치름

↓

때가 되면 하나님에게 생기로 살아 있는 값을 치름	⇒	허공(아버지가 없는 하늘)에서 영원히 꺼지지 않는 불에 태워짐
때가 되면 영원한 사망으로 들어가기에 불못은 하나님의 나라임	⇒	늦기 전에 천국(아버지의 나라)으로 들어가야 함

2. 아버지는 값없이 숨결을 주십니다.

천국(아버지의 나라)에서는 일하지 않는다고 말합니다. 그러면 아버지는 우리가 살아 있는 값을 받지 않는다고 말한 것입니다.

하나님은 생기로 있는 영을 만들지만 아버지는 숨을 쉬는 영으로 만듭니다. 하나님은 자신의 집에서 일하라 시키지만 아버지는 자신의 집에서 쉬라 합니다. 하나님은 생기를 주고 살아 있는 값을 치르라 하지만 아버지는 숨결을 주고 살아 있기만 하면 된다고 말합니다. **하나님은 값을 받으려고 생기를 주지만 아버지는 숨결을 주고 값을 받지 않습니다.**

생기로 살아 있으면 하나님에게 생명의 값을 치러야 하지만 숨을 쉬면서 살아 있으면 아버지에게 생명의 값을 치르지 않아도 됩니다. 허공(아버지가 없는 하늘)에 있으면 하나님에게 생기를 받은 값을 치르지만 천국(아버지가 있는 하늘)에 있으면 아버지에게 숨결을 받은 값을 치르지 않기에 불에 태워지지 않습니다.

아버지는 숨결을 줌 ⇔ 하나님(빛의 영)은 생기를 줌

↓

숨을 쉬면서 살아 있는 영이 됨 ⇔ 생기로 살아 있는 영이 됨

아버지 모습으로 있는 영이 됨 ⇔ 하나님 모습으로 있는 영이 됨

아버지는 쉬라고 함 ⇔ 하나님은 쉬지 말고 일하라 함

숨결을 준 값을 받지 않음 ⇔ 생기를 준 값을 받음

↓

아버지 집에 있으면 살아 있는 값을 치르지 않음 ⇔ 하나님 집에 있으면 살아 있는 값을 치러야 함

천국(아버지가 있는 하늘) ⇔ 허공(아버지가 없는 하늘)을 밝히

을 밝히려고 일하지 않음		는 일을 하여야 함
아버지는 아들이 천국(아버지가 빛으로 밝히는 하늘)에 있는 값을 받지 않음	⇔	하나님은 자신의 집(아버지가 없는 하늘)에 있는 값을 받기에 우리를 불에 태워 자신의 집을 밝힘

죽이려는 것은 살아 있음을 원하지 않기 때문입니다.

우리를 죽이려는 것은 우리가 살아 있음을 원하지 않기 때문입니다. 우리가 숨을 쉬면서 살아 있음을 원하지 않기에 숨을 쉬지 못하는 죽은 영으로 만들려는 것입니다.

하나님은 죽이지만 아버지는 살립니다. 우리가 숨을 쉬면서 살아 있음은 아버지가 살리려고 일하기 때문입니다. 아버지가 우리를 살림을 알아야 우리는 영을 살리면서 하나님을 두려워하지 않게 됩니다.

하나님(빛의 영)은 죽이지만 아버지는 살림

↓

우리가 살아 있음은 아버지가 살리려고 일하기 때문임	⇒	아버지를 알면 영을 살리면서 하나님을 두려워하지 않게 됨

하나님은 아담(아버지를 떠난 아들)을 고아로 만들어 죽이려 합니다.

하나님은 자신의 모습이 된 사람(생령)을 죽이려 합니다. 하나님은 자신이 만든 덫(자신만 살아 있다)에 빠져 자신의 모습을 죽이기에 때가 되면 자신이 만든 덫(함정)에 빠져 죽게 됩니다.

하나님은 아담(아버지를 떠난 아들)을 고아로 만들어 죽이려함

↓

하나님은 자신의 모습이 된 사람(생령)을 죽이려고 함	⇒	하나님은 자신이 만든 덫(자신만 살아 있다)에 빠져 죽게 됨

3. 하나님은 사람을 돕는 배필을 만들겠다고 합니다.

혼자 산을 경작하면서 지키면 어떻게 될까요? 혼자 쉬지 않고 일하여도 산을 정원으로 만들지 못합니다. 그러면 산을 아름다운 정원으로 만들지 못한다고 사람을 돕는 자를 만들겠다한 것입니다.

사람은 혼자 동산을 정원으로 만들고 지켜야함

↓

쉬지 않고 일하여도 동산을 정원으로 만들지 못함	⇒	산을 정원으로 만들지 못한다고 사람을 돕는 자를 만들겠다고 함
하나님이 시킨 일을 하지 못한 것이 됨	⇒	아담이 하는 일이 마음에 들지 않기에 사람을 돕는 자를 만들겠다고 한 것임

아담이 마음에 들지 않기에 사람을 돕는 자를 만들겠다한 것입니다.

아담을 쉬게 하려고 사람을 돕는 자를 만들겠다한 것이 아닙니다. 아담을 돕는 자를 만들어 자신의 마음에 드는 자로 만들겠다한 것입니다.

하나님은 동산에서 일하는 사람을 돕는 배필을 만들겠다함

↓

돕는 자가 있으면 일을 잘하여야 함	⇒	돕는 자가 있으면 하나님의 마음에 들려고 더 열심히 일만 하여야함
하나님은 아담을 쉬게 하려고 배필을 만든 것이 아님	⇒	아담에게 더 많은 일을 시키려고 배필을 만들겠다고 한 것임
아담을 위하여 사람을 돕는 자를 만들겠다한 것이 아님	⇒	하나님은 자신을 위하여 아담을 돕는 자를 만들겠다고 한 것임

하나님이 사람을 위하여 배필을 만들면 어떻게 될까요?

하나님이 자신을 위하여 일하면 아담은 그 값을 치르지 않아도 됩

니다. 하나님이 아담을 위하여 일하면 아담은 하나님에게 그 값을 치러야 합니다. 하나님은 아담을 돕는 배필을 만들고 아담에게 그 값을 받겠다고 한 것입니다.

하나님은 사람을 위하여 돕는 배필을 만들겠다고 미혹함

↓

하나님이 자신을 위하여 일하면 아담은 그 값을 치르지 않아도 됨	⇒	하나님이 아담을 위하여 일하면 아담은 하나님에게 그 값을 치러야함
하나님은 아담을 돕는 배필을 만들고 그 값을 받겠다고 한 것임	⇒	아담은 하나님이 배필을 만들어준 값을 치러야하기에 쉬지 못하고 더 열심히 일만 하여야함

하나님은 자신을 위하여 사람을 돕는 배필을 만들겠다한 것입니다.

아담을 돕는 배필을 만들면 아담은 병들고 상하더라도 하나님을 위하여 일하여야 합니다. 아담을 돕는 배필을 만들면 아담은 병들고 상하더라도 아프다 말하지 못하면서 하나님을 위하여 더 열심히 일하여야 합니다. 그러면 아담은 자신을 돕는 배필을 만들어 준다는 하나님의 말에 미혹되어 하나님을 위하여 더 열심히 일한 것입니다.

하나님은 자신을 위하여 사람을 돕는 배필을 만들겠다한 것임

↓

하나님을 위하여 일하는 배필을 만들겠다고 함	⇒	하나님을 위하여 일하는 배필을 만들고 아담에게 그 값을 치르라함
아담은 하나님을 위하여 일하는 배필을 대신하여 그 값을 치러야함	⇒	아담은 처음보다 더 많은 일을 하면서 병들고 상하여도 아프다 말하지 못하기에 쉬려면 죽어야함

아담은 죽지 않으려고 동산(하나님의 집)에서 일한 것입니다.

하나님은 자신만 살아 있는 영이라고 말하기에 아담(생령)이 죽기를 원합니다. 그러면 사람을 돕는 자를 만들어 아담을 죽이겠다한 것입니다. 하나님은 자신을 위하여 일하면서 마치 아버지를 떠나 사람(고아)이 된 아들을 위하여 일하는 것처럼 달콤한 말로 꾀는 간교한 영입니다.

아버지를 떠나 사람이 된 아담이 죽지 않으려고 동산에서 일함
↓
하나님은 아담이 죽기를 원함 ⇒ 사람을 돕는 자를 만들겠다한 것은 아담을 죽이려고 일하는 자를 만들겠다한 것임

4. 아담은 선악을 알게 하는 나무의 열매를 먹지 않았습니다.

아담이 선악을 알게 하는 나무의 열매를 먹지 않았는데 아담을 돕는 배필을 만들겠다고 합니다. 그러면 아담을 돕는 배필은 아담에게 선악을 알게 하는 나무의 열매를 먹이려고 일하는 자입니다.

아담(생령)은 선악을 알게 하는 나무의 열매를 먹지 않았음
↓
아담(생령)이 그 열매를 먹지 않았는데 아담을 돕는 배필을 만들겠다함 ⇒ 아담(생령)을 돕는 배필은 하나님을 위하여 아담(아버지를 떠난 아들)을 죽이려고 일하는 자임

아담(생령)은 죽음을 두려워하기에 죽지 않으려고 합니다.

하나님은 죽지 않으려는 아담을 돕는 자를 만들겠다고 합니다. 그런데 사람을 돕는 자는 사람이 죽지 않게 일하여야 합니다. 그러나 자신만 살아 있는 영이라는 하나님이 사람을 돕는 자를 만들면 하나

님을 위하여 사람을 죽여야 합니다. 그러면 아담(생령)이 죽지 않으려고 하기에 하나님이 사람을 돕는 자를 만들어 선악을 알게 하는 나무의 열매를 먹이겠다고 한 것입니다.

죽지 않으려는 아담(생령)을 돕는 배필을 만들겠다고 함

↓

자신만 살아 있는 영이라는 하나님이 아담(생령)을 돕는 자를 만들겠다고 함 ⇒ 사람을 돕는 배필은 하나님을 위하여 아담에게 선악을 알게 하는 나무의 열매를 먹이려고 일하는 자임

하나님의 말을 지키면 하나님은 화를 내지 않습니다.

하나님의 말을 따르지 않으면 하나님은 자신의 말을 무시하였다고 화를 냅니다. 하나님이 화내는 것은 자신을 위하여 말한 것을 따르지 않기 때문입니다.

하나님은 선악을 알게 하는 나무의 열매를 먹지 말라 합니다. 그 열매를 먹지 않으면 하나님의 말을 지키면서 따른 것입니다. 그런데 하나님은 자신의 말을 지키면서 따르는지 시험하는 영입니다. 그러면 사람을 돕는 배필은 아담(하늘에서 살아 계신 아버지를 떠난 아들)이 하나님의 말을 지키면서 따르는지 시험하는 권세입니다.

하나님은 선악을 알게 하는 나무의 열매를 먹지 말라고 말함

↓

그 열매를 먹지 않으면 하나님 말을 지키면서 따른 것임 ⇒ 하나님은 자신의 말을 지키면서 따르는지 확인하는 영임

사람을 돕는 배필은 하나님의 말을 지키고 따르는지 시험함 ⇒ 사람을 돕는 배필은 사람을 하나님에게 죽임 당하는 악인으로 만들려고 일하기에 하나님을 대신하여 시험하는 권세임

하나님은 사람을 돕는 배필에게 함정을 파라고 시킨 것임	⇒	사람을 돕는 자는 하나님에게서 함정을 파는 권세를 받았기에 하나님을 대신하여 꾀면서 시험하는 권세임

하나님은 자신만 살아 있는 영이라 말하기에 아담(생령)에게 그 열매를 먹여야 합니다.

사람을 돕는 배필은 하나님을 위하여 아담(생령)에게 선악을 알게 하는 나무의 열매를 먹여야 합니다. 아담(아버지를 떠나 사람이 된 아들)이 그 열매를 먹으면 하나님의 말을 무시한 악인이 되어 죽기 때문입니다.

사람을 돕는 배필은 사람이 아니라 하나님을 위하여 일합니다. 아담은 하나님의 말을 무시하지 않고 동산에 있었습니다. 하나님은 자신의 말을 무시하지 않고 동산에 있는 아담이 마음에 들지 않은 것입니다.

하나님은 자신의 말을 무시하게 만들어 동산에서 쫓아내려고 사람을 돕는 배필을 만들겠다고 한 것입니다. 그러면 사람을 돕는 배필은 하나님을 대신하여 아담에게 선악을 알게 하는 나무의 열매를 먹여야 하나님의 마음에 드는 일을 하는 것입니다.

아담이 하나님의 말을 무시하지 않고 동산에서 일함

↓

하나님의 마음에 들려고 일함 ⇒ 하나님은 마음에 들지 않음

하나님은 자신의 마음에 드는 자로 만들어도 됨	⇒	하나님은 자신의 말을 무시한 자로 만들려고 일해도 됨
하나님은 아담에게 그 열매를 먹이는 일을 하여도 됨	⇒	하나님은 아담에게 그 열매를 먹이지 못하였기에 자신을 대신하여 그 열매를 먹이는 자를 만들겠다고 말한 것임

•

창세기 2:19 여호와 하나님이 흙으로 각종 들짐승과 공중의 각종 새를 지으시고 아담이 어떻게 이름을 짓나 보시려고 그것들을 그에게로 이끌어 이르시니 아담이 각 생물을 일컫는 바가 곧 그 이름이라 20 아담이 모든 육축과 공중의 새와 들의 모든 짐승에게 이름을 주니라 아담이 돕는 배필이 없으므로

하나님이 흙으로 각종 들짐승과 각종 새를 지음

↓

아담이 각 생물을 일컫는 바가 곧 그 이름이 됨	⇒	하나님은 생물들을 들짐승과 새로 만든 것임
짐승과 새가 된 생물들을 아담에게 이끌고 아담을 돕는 배필이 없다고 함	⇒	여자를 만들기 전에 짐승과 새가 된 생물들은 아담의 배필이지만 아담을 도와 일하지 않았다고 말한 것임

1. 짐승들을 만들고 아담을 돕는 배필이 없다고 말하면 짐승들을 사람을 돕는 자로 만든 것입니다.

짐승들이 아담을 도왔다면 짐승들을 사람의 배필이라 하였을 것이기에 사람의 배필로 짐승을 만든 것입니다. 짐승들을 만들고 아담의 배필이 아니라고 하면 사람의 배필을 새로 만들어야 합니다. 그런데 사람의 배필로 짐승들을 만들었기에 여자는 짐승들을 대신하여 아담의 배필로 있는 자가 됩니다.

하나님은 짐승들을 만들고 사람의 배필이 아니라고 함

↓

새로 사람의 배필 ⇒ 사람의 배필은 사람이어야 하기에 아담의

을 만들어야 함 뼈로 새로운 사람을 만든 것임

짐승들을 대신하여 ⇒ 하나님은 여자에게 짐승들을 대신하여

여자를 만든 것임 아담을 도우라고 시킨 것임

하나님(빛의 영)은 아담(아버지를 떠난 아들)이 죽기를 원합니다.

아담(생령)을 죽이려면 죽기를 원하게 만들어야 합니다. 아담(생령)을 죽이려면 선악을 알게 하는 나무의 열매를 먹여야 합니다. 아담(생령)에게 혼자 동산을 관리하고 지키게 하여 쉬려면 그 열매를 먹고 죽으라 하였지만 그 열매를 먹지 않은 것입니다.

하나님은 아담(아버지를 떠난 아들)이 죽기를 원함

↓

아담(생령)이 죽으려면 ⇒ 아담(생령)을 죽이려면 죽기를 원하

그 열매를 먹어야 함 게 만들어야함

혼자 동산을 관리하면서 지키게 ⇒ 쉬려면 그 열매를 먹고 죽

하여 쉬지 못하고 일만 하게 함 으라고 꾄 것임

하나님은 왜 사람을 돕는 배필이라고 말한 것일까요?

사람을 돕는 배필은 사람을 쉬게 하여야 합니다. 그런데 사람이 쉬려면 선악을 알게 하는 나무의 열매를 먹고 죽어야 합니다. 그러면 아담에게 그 열매를 먹이는 자를 만들고 간교하게 사람을 돕는 배필이라고 꾄 것입니다. 사람을 돕는 배필은 아담에게 그 열매를 먹이고 쉬게 하여야하기에 하나님보다 더 많은 일을 시켜 죽기를 원하게 만들어야 합니다.

사람을 돕는 배필은 사람을 쉬게 하여야함

↓

사람이 쉬려면 그 열 ⇒ 하나님은 그 열매를 먹이는 자를 만

매를 먹고 죽어야함		들고 사람을 돕는 배필이라 꾐
사람을 돕는 배필은 그	⇒	사람을 돕는 배필은 하나님보다 더
열매를 먹이려고 일함		많은 일을 시킴

하나님은 짐승들을 만들고 탕자에게 이끕니다.

님이 나를 님의 집으로 이끌면 나를 님의 집으로 보낸 것이기에 나는 님이 보낸 자가 됩니다. 하나님이 생물들을 짐승으로 만들고 아담에게 이끌면 짐승들은 하나님이 보낸 자가 됩니다. 그리고 하나님이 짐승들을 대신하는 여자를 만들고 아담에게 이끌면 여자도 하나님이 보낸 자가 됩니다.

하나님이 생물들을 짐승으로 만들고 아담에게 인도함

↓

짐승들은 하나님이	⇒	하나님이 여자를 만들고 아담에게 인도
아담에게 보낸 자임		하면 여자도 하나님이 보낸 자가 됨

하나님은 사람을 돕는 자를 만들어 그 열매를 먹이겠다고 한 것입니다.

짐승들을 아담에게 보내 그 열매를 먹이라고 시킵니다. 그러나 아담을 돕는 배필이 없다고 하였으니 그 열매를 먹이지 못한 것입니다. 그런데 짐승들 중에서 뱀이 간교한 말로 꾀어 그 열매를 먹게 합니다. 그러면 짐승들은 그 열매를 먹이려고 더 많은 일을 하게 만들어 아담을 힘들게 한 것입니다.

하나님은 그 열매를 먹이는 자를 만들겠다고 한 것임

↓

하나님이 짐승들을 만	⇒	하나님의 말을 무시한 자로 만들라고
들고 아담에게 인도함		짐승들을 보낸 것임
하나님이 아담을 돕는	⇒	짐승들은 아담에게 그 열매를 먹이지

배필이 없다고 말함 / 못한 것임

뱀이 간교한 말로 ⇒ 짐승들은 말이 아니라 행동을 한 것이기

그 열매를 먹임 / 에 아담의 육체를 더 고달프게 만든 것임

아담이 이름 짓는 것을 보려고 짐승들을 이끌었다고 말합니다.

하나님은 사람을 돕는 배필로 짐승들을 만들었습니다. 그런데 짐승들에게 사람과 함께 일하라고 시키지 않습니다. 그러면 사람과 함께 일하라고 짐승들을 만들지 않았다한 것입니다.

하나님은 사람을 돕는 배필로 짐승들을 만듦

↓

짐승들은 사람 ⇒ 이름 짓는 것을 보려고 이끌었다면서 사람

과 함께 일을 / 과 함께 일하라고 사람의 배필을 만들지

하여야 함 / 않았음을 숨기려한 것임

아담은 생령이기에 죽은 영이 동산으로 들어오는 것을 막습니다. 그런데 하나님이 짐승들을 아담에게 이끌면 짐승들이 죽은 영이기에 하나님이 인도하여 동산으로 들어가게 한 것입니다. 짐승이 된 생물들이 죽은 영이기에 동산으로 들어가게 하려고 아담(생령)에게 이끈 것입니다.

2. 흙으로 사람을 만들었듯이 짐승들을 만듭니다.

하나님은 생령인 사람을 동산으로 인도하였기에 아담은 살아 있는 영입니다. 그러면 짐승이 된 생물들은 살아 있는 우상(죽은 영)이기에 하나님이 동산으로 인도한 것입니다.

흙으로 사람을 만들었듯이 짐승들을 만듦

↓

하나님은 생령인 사람을 동산으로 인도한 것임 ⇒ 아담(아버지를 떠난 아들)은 죽은 영이 아니라 살아 있는 영임

하나님이 짐승들을 아담(생령)이 지키는 동산으로 이끎 ⇒ 짐승이 된 생물들은 죽은 영이라는 것임

아담이 이름 짓는 것을 보려고 동산으로 인도하였다고 말함 ⇒ 아담을 사람으로 만들고 살아 있는 영임을 모르게 하였듯이 생물들을 짐승으로 만들고 죽은 영임을 숨김

사람을 돕는 배필을 만들면 사람과 함께 일하라고 시켜야 합니다.

하나님은 여자에게 일하라고 시키지 않았듯이 짐승들에게 일하라고 시키지 않습니다. 짐승들과 여자는 사람과 함께 일하지 않으면서 아담을 쉬게 하여야 합니다. 그런데 사람을 도와 일하지 않으면서 사람을 쉬게 하려면 아담에게 그 열매를 먹이고 죽여야 합니다.

사람을 돕는 배필을 만들면 사람과 함께 일하라고 시켜야 함

↓

사람을 돕는 배필을 만들고 사람과 함께 일하라고 시키지 않음 ⇒ 사람과 함께 일하는 배필을 만든 것이 아님

짐승들과 여자는 사람과 함께 일하지 않지만 사람을 돕는 배필임 ⇒ 사람과 함께 일하지 않으면서 사람을 쉬게 함

사람과 함께 일하지 않는 자가 사람을 쉬게 하려면 아담을 죽여야 함 ⇒ 하나님은 쉬기를 원하는 아담(생령)에게 그 열매를 먹이라고 짐승들과 여자를 만든 것임

짐승들은 아담과 함께 일하지 않았으니 동산을 더럽힌 것입니다.

쉬지 않고 일하는 사람을 더 힘들게 하여 쉬게 하려고 동산을 더럽힌 것입니다. 짐승들은 사람을 더 힘들게 하여 쉬려면 선악을 알게

하는 나무의 열매를 먹으라고 꾄 것입니다.

짐승들은 동산에서 아담(생령)과 함께 일하지 않음

↓

동산을 더럽히는 일을 함 ⇒ 쉬지 않고 일하는 아담은 하나님이 보낸 짐승들로 인하여 더 많은 일을 하게 됨

짐승들은 아담을 힘들게 하여 쉬기를 원하게 만들려고 함 ⇒ 아담(생령)이 쉬기를 원하면 그 열매를 먹고 죽어야함

짐승들은 나무의 열매를 먹지 않기에 동산을 가꾸지 않습니다.

아담과 함께 일하지 않으면 동산을 없애려고 일한 것입니다. 짐승들은 하나님을 위하여 생명나무가 있는 동산을 없애려고 일한 것입니다. 짐승들은 하나님을 위하여 쉬지 않고 일하는 아담(생령)을 죽이려고 일한 것입니다.

짐승들은 나무의 열매를 먹지 않음

↓

짐승들은 나무를 관리하지 않기에 놀면서 동산을 더럽힘 ⇒ 아담이 먹는 열매를 맺는 나무가 있는 동산을 더럽힘

짐승들은 생명나무가 있는 동산을 없애려고 일함 ⇒ 하나님은 짐승들을 보내 아담(생령)을 죽이라고 시킨 것임

3. 생물들은 자신을 불로 태우면서 땅을 밝힌 것입니다.

생물은 생기로 살아 있는 영입니다. 생물들은 땅을 낯(하나님의 집)으로 만들었지만 하나님이 땅에 자신의 산(집)을 만들었으니 동산으로 들어가야 합니다.

생물들은 생기로 살아 있는 영(하나님의 모습)임

↓

생물들은 불로 땅을 낮 ⇒ 생물들은 하나님이 땅에 만든 산(집)
(하나님의 집)으로 만듦 에 있어야함

생물들은 땅에 있던 아담(생 ⇒ 짐승이 된 생물들은 동산에서
령)을 죽이려고 불로 태웠음 아담(생령)을 죽이려고 일함

생기인 생물들을 짐승으로 만들고 동산으로 인도합니다.

동산은 생기로 부활을 한 불(죽은 빛)인 해가 뜨는 아침의 땅입니다. 하나님은 생기인 생물들을 짐승으로 만들고 생기로 부활을 한 불(죽은 빛)이 비추는 하나님의 산(집)으로 인도한 것입니다.

하나님은 생기인 생물들을 짐승으로 만들고 동산으로 인도함

↓

동산은 생기로 부활을 한 해 ⇒ 생기인 생물들은 동산을 낮으
(죽은 빛)가 밝히는 땅임 로 만들지 못함

생물들은 동산에서 ⇒ 짐승이 된 생물들은 동산을 불로 태우지
생기로 있지 못함 못하기에 아담의 육체를 고달프게 만듦

흙으로 만들어진 짐승은 땅에 있던 생물입니다.

흙으로 만들어진 사람은 우상(죽은 영)이지만 생기를 주고 생령으로 만들었다 말합니다. 흙으로 만들어진 짐승은 우상(죽은 영)이지만 생기로 있는 생물입니다. 그러면 땅에 있던 아담(아버지를 떠난 아들)을 사람으로 만들었듯이 땅에 있던 생물(하나님을 떠난 아들)들을 짐승으로 만든 것입니다.

하나님은 아담을 사람으로 생물들을 짐승으로 만듦

↓

아담은 동산에서 생령(살아 있는 영)으로 있음	⇔	생물들은 땅에서 생기로 살아 있는 영으로 있었음
생물들은 사람이 지키는 동산으로 들어가지 못함	⇒	아담은 생기가 있기에 살아 있는 영이 아님
생물들을 짐승으로 만들고 아담(생령)에게 인도함	⇒	생기인 생물들에게 아담(생령)을 죽이라고 시킴
흙으로 만들어진 사람은 아버지를 떠난 아들임	⇒	흙으로 만들어진 짐승들은 하나님을 떠난 아들임

하나님은 땅에 있던 생물(하나님의 아들)들을 아담(생령)에게 보내려고 짐승으로 만듭니다. 땅에 있는 동산은 짐승이 된 생물(하나님의 아들)들이 사람(고아)이 된 아담(아버지의 아들)을 고달프게 하는 하나님의 집입니다. 하나님은 아담에게 동산(하나님의 집)을 떠나지 말고 짐승(육체가 된 하나님의 아들)들에게 괴롭힘을 당하면서 죽으라고 꾄 것입니다.

4. 아담이라 부르면 사람의 이름을 지은 것입니다.

하늘에서 살아 계신 아버지를 떠난 아들을 사람으로 만들고 아담이라 부릅니다. 아버지를 떠난 아들을 사람으로 만들고 아담이라 부르면 아버지의 아들이 아니라한 것입니다.

아버지를 떠난 아들을 사람으로 만들고 아담이라 부름

↓

아담에게 아버지의 아들이 아니라함	⇒	아담을 아버지가 없는 고아로 만들었음을 나타낸 것임

생물(생기로 살아 있는 영)들은 하나님의 모습이기에 하나님의 아들입니다.

땅에 있는 생물(하나님을 떠난 아들)들을 짐승(육체가 된 하나님의 아들)으로 만듭니다. 그런데 아담이 뱀처럼 짐승(육체가 된 하나님의 아들)들의 이름을 짓습니다. 그러면 아담은 짐승(육체가 된 하나님의 아들)들에게 하나님의 아들이 아니라한 것입니다.

아담이 짐승들의 이름을 지음

↓

짐승들은 육체가 된 하나님의 아들임	⇒	짐승(육체가 된 하나님의 아들)들에게 뱀 같은 이름을 줌
짐승들에게 하나님의 아들이 아니라고 함	⇒	우리에게 하나님의 아들이라 하면 짐승이 되라고 달콤한 말로 꾀는 것임

짐승들을 아담(생령)이 지키는 동산으로 들어가게 합니다.

하나님이 짐승들을 동산으로 인도하면 짐승(육체가 된 하나님의 아들)은 죽은 영이 아니라한 것입니다. 짐승(육체가 된 하나님의 아들)들이 죽은 영이 아니면 생기로 살아 있는 육체(하나님의 모습)입니다. 그러면 예수는 자신을 아버지의 모습이라면서 우리에게 "너희는 짐승(육체가 된 하나님의 아들)이 아님을 알라"고 말한 것입니다.

짐승들을 인도하여 아담(생령)이 지키는 동산으로 들어감

↓

짐승(육체가 된 하나님의 아들)들을 죽은 영이 아니라고 함	⇒	짐승(육체가 된 하나님의 아들)들이 죽은 영이 아니면 생기로 살아 있는 육체(하나님의 모습)임
예수가 자신을 아버지의 모습이라고 함	⇒	우리에게 짐승(육체가 된 하나님의 아들)이 아님을 알라고 말한 것임

생물들과 함께 땅에 있던 아담을 하나님이 동산으로 인도합니다.

하나님은 생물들에게 아담을 땅에서 쫓아내는 일을 하라고 시킨 것입니다. 그리고 하나님이 동산에 있던 아담을 땅으로 쫓아내면 짐승이 된 생물들에게 아담을 동산에 있지 못하게 하라고 시킨 것입니다.

하나님이 땅에 있던 아담을 동산으로 인도함

↓

생물들에게 아담을 땅에서 ⇒ 생물들을 짐승으로 만들고 아담
쫓아내라고 시킨 것임 이 있는 동산으로 인도함

하나님이 동산에 있던 ⇒ 짐승들에게 아담을 동산에서 쫓겨나
아담을 땅으로 쫓아냄 는 악인으로 만들라고 시킨 것임

하나님은 짐승들에게 동산에서 일하지 않는 권세를 줍니다.

짐승들을 만들고 사람을 돕는 배필이 없다고 말하면 하나님은 아담을 위하여 배필을 만든 것이 아닙니다. 하나님은 자신을 위하여 짐승들을 만들었기에 짐승들은 아담을 위하여 일하지 않아도 됩니다. 짐승들은 아담에게 일을 시킨 하나님을 위하여 일하기에 하나님을 대신하여 아담에게 더 많은 일을 시켜야 합니다.

하나님은 짐승들을 만들고 사람을 돕는 배필이 없다고 말함

↓

하나님은 자신을 위하여 ⇒ 짐승들은 하나님을 위하여 일하지
짐승들을 만든 것임 사람을 위하여 일하지 않음

짐승들은 아담에게 일을 시 ⇒ 짐승들은 하나님을 대신하여 아
킨 하나님을 위하여 일함 담에게 더 많은 일을 시킴

동산은 하나님이 없는 하나님의 산(집)입니다.

아담은 하나님을 대신하여 동산을 관리하며 지킵니다. 아담은 동산을 관리하며 지키라는 하나님의 말에 미혹되어 하나님을 대신하여

주인노릇을 한 것입니다. 그러면 아담이 동산에서 주인(하나님)노릇을 하기에 하나님이 짐승(육체가 된 하나님의 아들)들에게 일하지 말고 놀라는 권세를 준 것입니다.

동산은 하나님이 없는 하나님의 산(집)임

↓

짐승(하나님의 아들)들이 있음 ⇔ 탕자(아버지의 아들)가 있음

놀면서 일하지 않음 ⇔ 쉬지 못하고 일만 함

하나님의 산(집)을 더럽힘 ⇔ 쉬려면 죽어야 함

하나님의 산(집)에서 일하지 않으면 짐승(육체가 된 하나님의 아들)임	⇔	우리가 하나님의 산(집)에서 일하면 짐승들과 있는 아담(아버지를 떠난 아들)처럼 됨

땅에 있는 하나님의 산(집)에서 일하면 아담처럼 죽기를 원하게 됩니다. 땅에 있는 하나님의 산(집)에서 일하면 죽기를 원하기에 예수가 선지자와 율법(의인)의 말을 버리고 교회(성전)를 떠나 영을 살리라한 것입니다.

동산에 있던 사람은 한 사람입니다.

이름은 다른 사람과 나를 구분하는 것이지만 동산에 있던 사람은 한 사람이기에 이름이 필요 없습니다. 그런데 사람을 아담이라 부르면 짐승(육체가 된 하나님의 아들)들과 구분한 것입니다. 그러면 하나님은 아담에게 육체가 된 하나님의 아들이 아니라고 말한 것입니다. 하나님은 사람에게 "나의 아들이 아니다"하는데 우리는 하나님을 아버지라 부르면서 양자(하나님의 아들)가 되기를 원하고 있는 것입니다.

동산에 있던 사람은 한 사람임

↓

짐승들과 있는 사람을 아담이라 부름 ⇒ 짐승들과 구분한 것임

짐승은 육체가 된 ⇒ 사람인 우리는 육체가 된 하나님의 아들

하나님의 아들임 이 아님을 마음으로 알아야함

하나님은 아담을 나의 아들이 아니라 하면서 짐승들과 구분합니다.

하나님은 짐승(육체가 된 하나님의 아들)들에게 아담은 종이라 한 것입니다. 하나님은 짐승(육체가 된 자신의 아들)들에게 아담이 동산에서 주인(살아 있는 영) 노릇을 하지 못하게 죽이라고 시킨 것입니다.

하나님이 사람을 아담이라 부르면서 나의 아들이 아니라함

↓

아담은 하나님을 대신 ⇒ 하나님을 대신하여 일하는 종임을

하여 주인노릇을 함 모르고 하나님 앞에서 살아 있음

종임을 모르고 하나님과 짐승 ⇒ 하나님과 짐승들은 자신들

들 앞에서 목을 세우고 있음 앞에서 살아 있는 종을 죽임

5. 아담이 짐승들을 일컫는 바가 그 이름이 됩니다.

하나님은 사람의 종이 아니라 사람을 돕는 배필을 만든 것입니다. 아담이 사람을 돕는 짐승들에게 이름을 줍니다. 아담은 자신을 돕는 짐승들에게 이름을 주었으니 불러서 일을 시키는 주인이 되어야 합니다.

하나님은 사람의 종이 아니라 사람을 돕는 배필을 만듦

↓

아담이 사람을 돕는 짐 ⇒ 아담은 자신을 돕는 짐승들을 불러

승들의 이름을 지음 일을 시키는 주인이 되어야함

하나님이 짐승들의 이름을 지으라고 하였기에 아담이 짐승들의 이름을 지음	⇒	아담은 짐승들의 주인이 되기를 원하지만 짐승들은 하나님의 아들이기에 아담의 종이 아님

아담이 짐승들을 불러 일을 시키면 짐승들은 아담의 종입니다.

짐승들은 아담과 함께 일하지 않았습니다. 그러면 아담은 짐승(육체가 된 하나님의 아들)들의 이름을 부르면서 짐승들의 종이 된 것입니다.

아담이 짐승들을 불러 일을 시키면 짐승들은 아담의 종임

↓

짐승들이 아담과 함께 일하면 짐승들은 아담의 종이 됨	⇒	짐승들은 아담과 함께 일하지 않았기에 아담의 종이 아님
짐승들은 사람을 돕는 배필이지 종이 아님	⇒	아담은 짐승들의 이름을 짓고 짐승들을 주인으로 섬기는 종이 됨

뱀이 여자와 대화를 하면 아담은 짐승들과 대화를 한 것입니다. 그런데 짐승들은 아담과 함께 일하지 않았으니 아담의 말을 듣지 않은 것입니다. 그러면 짐승들이 동산의 주인으로 있고 아담은 일하지 않는 짐승들을 위하여 일한 것입니다.

짐승들에게 이름을 준 것은 하나님이 아니라 아담입니다. 하나님이 짐승들의 이름을 짓지 않은 것은 짐승들이 자신의 아들이기 때문입니다. 하나님은 달콤한 말로 아담에게 짐승들의 주인이 되라면서 짐승들의 종으로 만든 것입니다.

하나님은 사람을 만들고 어떠한 일을 시키겠다고 하였는가요?

하나님의 형상으로 사람을 만들고 생물들을 다스리게 하겠다고 합니다. 아담이 생물들을 다스리지 못하면 아담은 하나님의 형상이 아

닙니다. 그리고 아담은 사람이고 하나님의 종입니다. 그러면 아담은 짐승이 된 생물(하나님의 아들)들과 형제가 아니기에 생기로 살아 있는 영(하나님의 모습)이 아닙니다.

아담은 사람이고 하나님의 종임

↓

아담은 짐승(육체가 된 하나님의 아들)들과 형제가 아님 ⇒ 아담은 생기로 살아 있는 영(하나님의 모습)이 아님

•

창세기 2:21 여호와 하나님이 아담을 깊이 잠들게 하시니 잠들매 그가 그 갈빗대 하나를 취하고 살로 대신 채우시고 22 여호와 하나님이 아담에게서 취하신 그 갈빗대로 여자를 만드시고 그를 아담에게로 이끌어 오시니

하나님이 아담(생령)을 깊이 잠들게 하고 여자를 만듭니다. 하나님이 짐승들을 만들었지만 짐승들은 아담을 돕지 않았습니다. 그리고 여자를 만들었으니 여자는 짐승들을 대신하여 아담을 돕는 자입니다. 그러면 하나님은 여자를 만들고 짐승들을 대신하여 아담을 죽이라고 시킨 것입니다.

짐승들을 만들었지만 짐승들이 아담(생령)을 돕지 않음

↓

여자는 짐승을 대신하 ⇒ 하나님은 여자를 만들고 짐승들을 대
여 사람을 돕는 자임　　신하여 아담(생령)을 죽이라고 시킴

1. 하나님은 생령인 아담을 깊이 잠들게 합니다.

생령이 깊이 잠들면 영으로 있지 못합니다. 그런데 아담은 선악을 알게 하는 나무의 열매를 먹지 않았습니다. 그러면 아담이 죽지 않고 살아 있으면서 쉬기를 원하였기에 깊이 잠든 영으로 만들고 육체(하나님의 형상)로 만든 것입니다.

하나님이 생령인 아담을 깊이 잠들게 함

↓

생령이 깊이 잠들면 ⇒ 영을 죽이려면 생령인 아담이 선악을
영으로 있지 못함　　알게 하는 나무의 열매를 먹어야함

생령인 아담은 그 열매를 먹지 않았음	⇒	하나님은 생령인 아담에게 쉬려면 육체(하나님의 형상)가 되라고 꾄 것임

아담(생령)은 동산에서 하나님이 시킨 일을 하였습니다. 하나님이 사람을 돕는 배필을 만듭니다. 쉬지 못하고 일만 하는 아담이 자신과 함께 일하는 자가 있기를 원하였기에 하나님이 사람을 돕는 배필을 만든 것입니다.

쉬기를 원하는 아담(생령)에게 하나님이 짐승들을 인도합니다.

하나님은 짐승들과 함께 있는 아담(생령)을 깊이 잠들게 합니다. 아담(생령)이 깊이 잠들어 쉬면 짐승들은 아담(생령)을 쉬게 하려고 일한 것이 됩니다. 그리고 하나님이 아담(생령)을 깊이 잠들게 하면 영에게 일하지 말고 쉬라 한 것입니다.

아담(생령)이 쉬기를 원하기에 하나님이 짐승들을 만듦

↓

짐승들을 만들고 쉬기를 원하는 아담(생령)에게 인도함	⇒	짐승들은 쉬기를 원하는 아담(생령)을 돕지 않고 괴롭힘
짐승들과 함께 있는 아담(생령)을 깊이 잠들게 함	⇒	하나님은 간교하게 영을 깊이 잠들게 하고 일하지 말고 쉬라한 것임
아담(생령)을 깊이 잠들게 하여 쉬게 하면 짐승들은 아담을 도와 일한 것이 됨	⇒	하나님은 사람을 돕는 배필을 만들어 우리(아버지를 떠난 아들)가 영을 살리지 못하게 한 것임

깊이 잠들면 일하지 않아도 됩니다.

아담(생령)이 깊이 잠들면 일하지 않고 죽기를 원한 것입니다. 아담이 죽기를 원하였기에 영을 잠들게 하고 육체(하나님의 형상)로 만든 것이 됩니다. 그러면 아담이 속으로 선악을 알게 하는 나무의 열매를 먹고 죽기를 원하였기에 하나님이 영을 잠들게 하고 육체(하나님의 형상)로 만든 것이 됩니다.

아담(생령)이 깊이 잠들면 일하지 않고 죽기를 원한 것임

↓

아담이 죽기를 원하였기에 영을 잠들게 하고 육체(하나님의 형상)로 만든 것이 됨	⇒	아담에게 속으로 선악을 알게 하는 나무의 열매를 먹고 죽기를 원하였다고 꾄 것임

아담(생령)이 쉬려면 하나님의 형상이어야 합니다.

아담이 쉬려면 짐승들을 다스리는 하나님의 형상이어야 하는데 아담을 육체로 만듭니다. 그러면 아담이 짐승들의 왕이 되어 쉬기를 원하였기에 하나님이 아담(생령)을 육체(하나님의 형상)로 만든 것입니다.

아담이 쉬려면 짐승들에게 일을 시키는 사람이 되어야 함

↓

하나님이 아담을 깊이 잠들게 하고 육체(하나님의 형상)로 만듦	⇒	아담이 짐승들의 왕이 되어 쉬기를 원하기에 생령인 아담을 육체(하나님의 형상)로 만든 것임

하나님은 아담에게 생기로 살아 있는 영(하나님의 모습)이라고 하였습니다. 아담을 육체(하나님의 형상)로 만들면 육체(하나님의 형상)가 죽은 영이라고 꾄 것입니다. 그러면 생기로 살아 있는 영(하나님의 모습)이 되어야 하나님의 아들이 된다고 꾄 것입니다.

살아 있는 영은 아버지의 모습이고 죽은 영은 아버지의 형상입니다.

하나님(빛의 영)은 하늘에서 살아 계신 아버지가 되기를 원합니다. 아버지가 되려면 나의 모습은 살아 있는 영이고 나의 형상은 죽은 영이라고 하여야 합니다. 그리고 하늘에서 살아 계신 아버지가 되려면

우리(아버지를 떠난 아들)에게 죽은 영인 육체(하나님의 형상)를 살려 생기로 살아 있는 영(하나님의 모습)이 되라고 꾀어야 합니다.

살아 있는 영은 아버지의 모습이고 죽은 영은 아버지의 형상임

↓

하나님(빛의 영)은 하늘에서 살아 있는 아버지가 되기를 원함 ⇒ 아버지가 되려면 나의 모습은 살아 있는 영이고 나의 형상은 죽은 영이라고 꾀어야함

아버지가 되려고 우리(아버지를 떠난 아들)에게 생기로 살아 있는 영(하나님의 모습)이라고 꾐 ⇒ 아버지가 되려면 우리(아버지를 떠난 아들)에게 하나님의 아들이라고 꾀어야함

하나님의 형상은 하나님이 만든 사람입니다.

아담은 하나님이 만든 사람이 되어 쉬기를 원한 것입니다. 그러나 육체(하나님의 형상)가 되어 영으로 있지 못합니다. 그러면 시험에 들어 영을 죽이려고 하나님에게 헛된 것을 구한 것입니다.

하나님의 형상은 하나님이 만든 사람임

↓

아담은 하나님이 만든 사람이 되어 쉬기를 원함 ⇒ 육체(하나님의 형상)가 되어 영으로 있지 못함

아담은 영을 죽이고 쉬기를 원함 ⇒ 아담은 시험에 들어 영을 죽이려고 하나님에게 헛된 것을 구함

아담은 짐승들이 있는 동산(하나님의 집)을 다스리는 사람이 되기를 원합니다. 아담은 짐승이 된 생물(하나님의 아들)들을 다스리려 육체(하나님의 형상)인 죽은 영이 됩니다. 그런데 짐승이 된 생물(하나님의 아들)들을 다스리지 못하면 짐승이 된 생물(하나님의 아들)들

은 살아 있는 영이 됩니다. 그러면 아담(아버지를 떠난 아들)은 짐승이 된 생물(하나님의 아들)처럼 되기를 원하게 됩니다.

쉬기를 원하는 아담(생령)을 깊이 잠들게 하고 쉬게 합니다.

하나님은 영을 쉬게 하려고 육체로 만들었기에 육체에게 무거운 짐을 줍니다. 우리는 힘들게 육체를 살리면서 쉽게 영을 죽이고 있는 것입니다.

깊이 잠들면 일하지 않고 쉬는 것이 됨

↓

하나님은 영을 쉬게 하려고 육체로 만듦	⇒	하나님은 수고한 값을 받으려고 육체에게 무거운 짐을 지움
하나님은 영을 죽이려고 육체로 만듦	⇒	우리는 육체를 살리려 힘들게 일하면서 쉽게 영을 죽이고 있음

2. 정신이 혼미한 아담(아버지를 떠난 아들)을 깊이 잠들게 합니다.

잠에서 깨어나도 정신을 차리지 못하면 깨어있는 것이 아닙니다. 그러나 아버지의 아들임을 알면 우리는 정신을 차리고 깨어있게 됩니다.

하나님은 아담을 혼미하게 만들고 깊은 잠에 빠지게 함

↓

잠에서 깨어나도 정신을 차리지 못하게 한 것임	⇒	정신을 차리려면 아버지의 아들임을 마음으로 알아야함

우리가 정신을 차리지 못하는 것은 자신이 누구이고 왜 살아 있는지 알려고 하지 않기 때문입니다. 그러나 우리가 하늘에서 살아 계신 아버지를 떠난 아들이고 잠들어 있는 영임을 알면 잠에서 깨어나 정신을 차리게 됩니다.

아담은 생령이기에 영이 깊이 잠든 것입니다.

생기로 있는 영을 깊이 잠들게 한 것일까요? 생기로 있는 영(하나님의 모습)이 육체(하나님의 형상)가 되면 영은 생기가 없기에 죽어야 합니다. 그러나 영을 깊이 잠들게 하였으니 아담은 생기로 있는 영(하나님의 모습)이 아니기에 죽지 않은 것입니다. 그러면 하나님은 숨을 쉬면서 살아 있는 영(아버지의 모습)을 깊이 잠들게 한 것입니다.

생기로 있는 생령(하나님의 모습)인 아담을 육체로 만듦

↓

영인 아담은 생기가 없기에 죽어야 함 ⇒ 아담은 잠든 영이 됨

아담은 생기로 살아 있는 ⇒ 아담은 숨을 쉬면서 살아 있는 영

영(하나님의 모습)이 아님 (아버지의 모습)임

깊이 잠들게 하면 마취를 한 것과 같습니다.

갈비뼈를 뽑으려면 깨어나지 못하게 마취를 하여야 하는데 아담을 깊이 잠들게 합니다. 그러면 아담을 깊이 잠들게 한 것은 정신을 차리지 못하게 마취를 한 것입니다.

갈비뼈를 빼려면 정신을 차리지 못하게 마취를 하여야함

↓

하나님은 깊이 잠들게 하여 ⇒ 아담을 돕는 배필을 만들면서

정신을 차리지 못하게 함 정신을 차리지 못하게 함

하나님이 만든 여자는 아담 ⇒ 우리가 정신을 차리면 하나님이

을 도와 일하는 자가 아님 보낸 자의 도움을 원하지 않음

하나님은 왜 아담(생령)을 죽이지 못한 것일까요?

아담을 죽이려면 선악을 알게 하는 나무의 열매를 먹어야 하지만 아담은 그 열매를 먹지 않았습니다. 그러면 아담이 마음으로

죽기를 원하였기에 하나님이 깊이 잠들게 하여 죽은 영으로 있게 한 것입니다.

생령인 아담은 선악을 알게 하는 나무의 열매를 먹지 않았음

↓

하나님이 깊이 잠들게 함	⇒	영을 죽이지 못함
깊은 잠에서 깨어나지 못하게 함	⇒	아담이 죽기를 원하기에 죽은 영으로 있으라고 한 것이 됨
아담은 그 열매를 먹지 않고 죽은 영으로 있음	⇒	하나님은 아담이 죽기를 원하고 우리는 하나님을 위하여 죽기를 원함

깊이 잠들면 무엇을 하고 있는지 모릅니다.

잠들면 살아 있음을 모르지만 깨어나면 살아 있음을 알게 됩니다. 하나님은 영이 깨어남을 원하지 않기에 깊이 잠들게 합니다. 그리고 우리는 잠에 취하여 죽은 영으로 있는 것입니다.

잠에서 깨어나지 못하게 하면 어떠한 상태인가요? 잠에서 깨어나지 않는 자는 식물인간입니다. 영을 깊이 잠들게 하였으니 우리를 식물인간으로 있는 영으로 만든 것입니다. 우리가 정신을 차리지 못하는 영으로 있기에 예수가 마음으로 깨달아 정신을 차리고 깨어있으라고 말한 것입니다.

심장이 죽는 심장사와 뇌가 죽는 뇌사가 있습니다. 심장이 죽었는데 뇌가 살아 있거나 뇌가 죽었는데 심장이 살아 있기도 합니다. 뇌가 죽고 심장이 살아 있으면 식물인간이지만 심장이 죽으면 숨을 쉬지 못하기에 죽었다고 말합니다.

뇌가 죽고 심장이 살아 있으면 정신이 죽은 자입니다. 식물인간은 얼(정신)이 없기에 영이 죽은 자입니다. 식물인간은 죽은 영이 살아

있는 육체로 있는 자입니다. 정신을 차리지 않으면 우리는 육체로 있는 죽은 영입니다.

식물인간은 살아 있지만 정신이 없는 육체임

↓

얼(정신)이 없으면 ⇒ 식물인간은 죽은 영이 살아 있는 육체로
영이 죽은 자임 있는 자임

정신을 차리지 않으면 ⇒ 하나님은 우리를 육체로 있는 죽은
영을 살리지 못함 영으로 만들고 영이 죽기를 원함

심장이 죽고 뇌가 살아 있으면 죽은 육체에서 영이 살아 있는 것입니다. 그런데 죽은 육체를 살리는 것은 뇌가 아니라 생기입니다. 그러면 영은 육체를 살리지 못하니 우리는 육체를 살리려고 헛된 일을 하지 않아야 합니다.

심장이 죽었는데 뇌(정신)가 살아 있음

↓

뇌는 죽은 육체를 살리지 못함 ⇒ 영은 육체를 살리지 못함

육체를 살리면 헛된 ⇒ 하나님은 우리를 육체에서 잠들어 있는
일을 하는 것임 영으로 만들고 헛된 일을 하게 만듦

육체는 영을 살리지 못하고 영은 육체를 살리지 못합니다. 육체와 영이 모두 사는 것을 원하지 않아야 합니다. 육체는 반드시 죽으니 마음으로 육체가 아닌 영이 살기를 원하여야 합니다.

3. 남자(육체)가 된 아담(생령)의 뼈로 여자를 만듭니다.

아담을 돕는 배필을 만들면서 아담을 깊이 잠들게 합니다. 생령인 아담이 깊이 잠들면 아담은 일하지 않는 영입니다. 아담(일하지 않는

영)의 배필로 여자를 만들면 여자는 일하지 않는 영을 돕는 자입니다. 여자는 일하지 않는 영을 도우면서 영을 살리지 못하게 하는 자입니다.

아담은 깊이 잠들어 일하지 않는 영이 됨

↓

하나님은 사람(생령)을 돕 ⇒ 아담(일하지 않는 영)의 배필로

는 배필을 만들겠다고 함 여자를 만듦

여자는 일하지 않는 ⇒ 여자는 깊이 잠든 영을 돕기에 잠에서

영을 돕는 사람임 깨어나지 못하게 하려고 일하는 자임

빨리 무너지라고 사람을 흙으로 만들었습니다.

아담의 갈비뼈로 여자를 만들면 아담은 뼈가 있기에 무너지지 않는 육체가 됩니다. 그런데 여자는 잠든 영을 돕는 자이지 육체를 돕는 자가 아닙니다. 그러면 아담은 무너지지 않는 육체가 되어 처음(생령)보다 더 많은 일을 하면서 쉬지 못하게 된 것입니다.

하나님은 빨리 무너지라고 흙으로 사람을 만들었음

↓

아담의 갈비뼈로 ⇒ 아담의 속에 뼈가 있으면 아담은 무너지지

여자를 만듦 않는 육체가 된 것임

여자는 잠든 영을 돕는 자이 ⇒ 아담은 무너지지 않는 육체가

지 육체를 돕는 자가 아님 되었기에 더 많은 일을 함

여자는 흙으로 만들어진 사람이 아닙니다.

하나님은 아담의 코에 생기를 불어넣어 생령으로 만들었다고 말합니다. 그러나 여자의 코에 생기를 불어넣지 않았습니다. 그러면 여자는 생기가 없는 육체이고 생기가 없기에 죽은 영입니다.

흙으로 사람을 만듦 ⇒ 여자는 흙으로 만든 사람이 아님

↓

하나님이 코에 생기를 불어넣음 ⇒ 생기를 불어넣지 않음

생기로 있는 생령이 되었다고 함 ⇒ 생기가 없기에 죽은 영임

생기로 있는 육체가 됨 ⇒ 생기가 없기에 죽은 육체이어야 함

아담은 육체에서 잠들어 있는 영입니다.

여자는 영이 아니라 육체이기에 육체가 곧 죽은 영입니다. 살아 있는 영이 되려고 육체를 살리면 우리는 여자가 됩니다. 육체를 살려 우상으로 있는 생령이 되면 우리는 하나님이 흙으로 만든 사람이 됩니다.

여자(하나님이 만든 사람)는 육체가 곧 죽은 영임

↓

여자는 육체를 살려 살아 있는 영이 되려고 함 ⇒ 육체를 살리면 우상으로 있는 생령인 흙으로 만들어진 사람이 됨

우상으로 있는 생령은 하나님에게서 생기를 받은 사람임 ⇒ 여자는 육체를 살려 생령이 되기를 원하기에 하나님에게서 생기를 받기를 원하는 자임

여자(하나님이 만든 사람)는 육체가 곧 죽은 영이기에 육체를 살리면서 영을 살리지 못합니다. 예수의 말(육체가 아닌 영을 살리라)을 버리면 우리는 하나님이 흙으로 만든 사람이 되려고 여자(하나님이 만든 사람)로 있는 것입니다. 예수의 말(육체가 아닌 영을 살리라)을 버리면 우리는 천국(아버지의 나라)으로 돌아가지 못하고 땅에 속한 자가 된다는 것입니다.

하나님이 만든 사람은 여자입니다.

하나님이 만든 사람은 하나님의 형상입니다. 흙으로 만들어진 사람은 하나님의 모습이기에 아담은 하나님이 만든 사람이 아닙니다. 그러나 아담의 뼈로 만들어진 여자는 하나님의 형상이기에 하나님이 만든 사람입니다.

하나님이 여자를 흙으로 만들면 생기를 주고 살려야 하지만 흙으로 만들지 않았으니 생기를 주어 살리지 않겠다한 것입니다. 하나님은 육체에게 생기를 주어 살리지 않기에 육체를 살리면 우리는 살아 있는 우상(죽은 영)이 되어 죽어야 합니다.

하나님이 여자를 흙으로 만들지 않음

↓

여자를 흙으로 만들면 생기를 주어 살려야함 ⇒ 사람(잠든 영)을 돕는 여자를 만들고 생기를 주어 살리지 않겠다고 함

육체를 만들고 생기를 주어 살리지 않겠다고 함 ⇒ 육체를 살리면 우리는 살아 있는 우상(죽은 영)이 되어 죽음

하나님은 육체(남자와 여자)에게 생육하고 번성하라 말합니다. 육체(남자와 여자)에게 육체(하나님의 형상)를 낳고 키우라고 말합니다. 그러면 하나님은 육체(죽은 하나님의 모습)를 살리는 일을 하지 않겠다한 것입니다.

하나님은 육체(남자와 여자)에게 생육하고 번성하라 말함

↓

육체(남자와 여자)에게 육체(하나님의 형상)를 낳고 키우라고 말함 ⇒ 하나님은 육체(남자와 여자)를 만들고 육체(죽은 하나님의 모습)를 살리는 일을 하지 않겠다고 말한 것임

여자는 하나님에게서 생기를 받지 않았습니다.

아담은 흙으로 만들어진 사람입니다. 흙으로 만들어진 사람에서 육체가 되면 육체의 부모가 없는 자가 됩니다. 그러면 아담(아버지를 떠난 아들)을 육체의 부모가 없는 사람(고아)으로 만든 것입니다.

아담(아버지를 떠난 아들)을 사람(생령)으로 있는 고아로 만듦

↓

흙으로 만들어진 사람에서 육 ⇒ 아담을 육체의 부모가 없는

체의 부모가 없는 자가 됨 사람(고아)으로 만든 것임

아담은 깊이 잠들어 부모가 없는 육체가 됩니다. 여자는 부모가 없는 육체의 뼈로 만들어진 사람입니다. 그리고 하나님이 생기를 주지 않았기에 여자도 고아이지 하나님의 아들이 아닙니다.

여자를 부모가 없는 육체의 뼈로 만듦

↓

여자는 육체의 부 ⇒ 하나님이 생기를 주지 않았기에 여자도

모가 없는 사람임 고아이고 하나님의 아들이 아님

여자는 하나님의 형상인 죽은 하나님의 모습입니다.

여자는 아담의 심장이 아니라 뼈로 만들어졌기에 숨을 쉬지 못하는 하나님의 모습입니다. 그런데 여자의 몸에서 나온 우리가 숨을 쉬면서 살아 있으니 여자는 숨을 쉬지 못하는 육체에서 숨을 쉬는 육체가 된 것으로 계속 말씀드리겠습니다.

여자는 하나님의 형상이고 생기가 없음

↓

여자는 생기가 없기에 ⇒ 하나님은 생기로 살아 있는 영이지

죽은 하나님의 모습임 숨을 쉬는 영이 아님

여자는 아담의 심장이 아니라 뼈 ⇒ 여자는 숨을 쉬지 못하는

로 만들어졌기에 숨을 쉬지 못함 하나님의 모습임

하나님은 여자를 만들고 생기를 주지 않았습니다.

여자를 만들고 생기를 주지 않으면 사람을 돕는 여자는 죽은 자입니다. 사람을 돕는 여자는 사람(일하지 않는 영)을 죽이려고 돕는 죽은 자입니다. 하나님은 사람을 돕는 여자를 만들고 자신이 잠들게 한 영을 죽이라고 시킨 것입니다.

사람을 돕는 여자를 만들고 생기를 주지 않음

↓

죽은 자에게 사람(일하지 않 ⇒ 여자는 하나님이 잠들게 한 영을
는 영)을 도우라고 시킨 것임 죽이려고 의인으로 있는 자임

4. 하나님은 자기의 모양대로 남자와 여자를 만듭니다.

남자와 여자는 하나님의 모양이기에 하나님은 남자와 여자를 통하여 자신을 나타낸 것입니다. 예수가 자신을 보면 아버지를 보는 것이라 하였듯이 남자와 여자를 보면 하나님을 보는 것입니다.

하나님은 자기의 모양대로 남자와 여자를 만듦

↓

하나님은 남자와 여자를 ⇒ 남자(아담)와 여자(뼈로 만들어진
통하여 자신을 나타냄 사람)를 보면 하나님을 보는 것임

아담은 깊이 잠든 영이고 여자는 죽은 하나님의 모습입니다.

하나님은 아담과 여자를 통하여 자신이 안식하면서 생기로 있는 죽은 영임을 나타냅니다. 때가 되면 하나님은 잠에서 깨어나 허공(아버지가 없는 하늘)과 땅을 영원히 꺼지지 않는 생기(불)로 태운다는 것입니다.

남자는 깊이 잠든 영이고 여자는 죽은 하나님의 모습임

↓

하나님은 안식하면서 생기로 있는 죽은 영임 ⇒ 잠에서 깨어나면 허공(아버지가 없는 하늘)과 땅을 생기(불)로 태움

깊이 잠든 아담의 뼈로 여자를 만듭니다.

하나님은 아담(잠든 영)에서 여자(죽은 하나님의 모습)가 된 모습이기에 죽은 영입니다. 그리고 하나님(빛의 영)은 육체(죽은 하나님의 모습)를 살리지 않기에 자신을 살리지 않고 죽인 영입니다.

하나님(빛의 영)은 아담에서 여자가 된 모습임

↓

하나님은 아담(깊이 잠든 영)에서 여자(죽은 하나님의 모습)가 된 모습임 ⇒ 하나님은 자신이 죽은 영임을 나타냄

하나님은 육체(죽은 하나님의 모습)를 살리지 않음 ⇒ 하나님은 자신을 살리지 않기에 영원한 사망인 불못의 주인임

아담과 여자는 고아이기에 하나님은 자신이 고아임을 나타냅니다.

고아가 살아 있다 말하면 스스로 살아 있는 자라고 말하는 것입니다. 하나님은 스스로 살아 있는 고아이기에 처음이자 마지막으로 살아 있는 자라고 말합니다.

하나님이 만든 남자와 여자는 고아이기에 하나님은 고아임

↓

하나님은 고아이면서 자신만 살아 있다고 말함 ⇒ 하나님(빛의 영)은 자신을 스스로 살아 있는 자라고 말함

스스로 살아 있는 자가 되었다면서 자신만 살아 있다고 말함 ⇒ 자신을 처음이자 마지막으로 살아 있는 고아라고 말함

하나님이 처음이자 마지막으로 살아 있으면 하나님의 집에는 살아 있는 영이 없습니다. 우리는 정신을 차리고 마음으로 영을 살리면서 하늘에서 살아 계신 아버지에게 돌아가기를 간절히 원하여야 합니다.

우리는 사람이 아니라 아버지를 떠난 아들임을 알아야 합니다.

우리는 고아가 아니라 아버지가 있는 아들입니다. 육체가 아닌 영을 살리면 우리는 죽지 않습니다. 육체를 살리면 고아(사람)이기에 죽지만 영을 살리면 하늘에서 살아 계신 아버지가 살리기에 죽지 않습니다.

우리는 고아가 아니라 아버지를 떠난 아들임

↓

육체를 살리면 고아이기에 하나님에게 죽임을 당함 ⇒ 영을 살리면 하늘에서 살아 계신 아버지가 살리기에 죽지 않음

우리에게는 아버지가 아들이라 증거할 것이 있어야 합니다.

자신만 살아 있는 영(아버지의 모습)이라는 하나님이 육체(하나님의 형상)를 만들면 아버지의 형상을 만든 것입니다. 하나님은 육체(하나님의 형상)를 죽은 아버지의 모습이라고 한 것입니다. 그런데 육체(하나님의 형상)인 우리가 숨을 쉬면서 살아 있으면 살아 있는 아버지의 모습이 됩니다. 그러면 하나님은 육체(하나님의 형상)를 살아 있는 아버지의 모습이라면서 하늘에서 살아 계신 아버지를 영이 아닌 육체(사람)로 만들려고 더러운 계획을 꾸민 것입니다.

여자는 하나님의 형상이기에 죽은 하나님의 모습입니다. 아버지가 숨결을 주면 숨을 쉬면서 살아 있는 하나님의 모습이 됩니다. 그러면 하나님은 아버지에게 여자를 숨을 쉬면서 살아 있는 영(하나님의 모

습)으로 만들라고 더러운 계획을 꾸민 것입니다.

그러나 육체가 숨을 쉬면서 살아 있는 것은 하나님이 피(생명)가 있는 육체로 만들었기 때문입니다. 하나님이 육체를 숨을 쉬면서 살아 있는 아버지의 모습으로 만들었기에 예수가 정신을 차리고 육체가 아닌 영을 살리면 반드시 숨을 쉬면서 살아 있는 영(아버지의 모습)이 된다고 가르쳐준 것입니다.

5. 뼈에서 살이 나왔지만 그 속에 생기가 없습니다.

에스겔 37:8 그 뼈에 힘줄이 생기고 살이 오르며 그 위에 가죽이 덮이나 그 속에 생기는 없더라

뼈에서 힘줄이 생기고 살이 오르며 그 위에 가죽이 덮입니다. 아담의 뼈로 여자를 만들었으니 아담도 여자와 같은 순서로 육체가 됩니다. 그런데 하나님이 여자의 코에 생기를 불어넣지 않았으니 여자의 속에는 생기가 없습니다. 그러면 여자는 속에 생기가 없는 미라(뼈와 힘줄과 살과 가죽만 있는 육체)입니다.

아담도 여자처럼 미라가 되었지만 하나님이 코에 생기를 불어넣었다고 말합니다. 그러면 아담은 숨을 쉬면서 살아 있는 영에서 속에 생기가 있는 미라(뼈와 힘줄과 살과 가죽만 있는 육체)가 된 것입니다.

아담과 여자를 뼈와 힘줄과 살과 가죽만 있는 육체로 만듦

↓

아담에게 생기를 불어넣었다고 ⇒ 여자에게 생기를 불어넣지
말하기에 속에 생기가 있음 　　않았기에 속에 생기가 없음
아담(숨을 쉬면서 살아 있는 ⇒ 여자(하나님이 만든 사람)는 죽은

영)은 살아 있는 미라가 됨	미라임

하나님은 속에 생기가 없는 육체를 사망을 당한 자라고 합니다.

에스겔 37:9 인자야 너는 주 여호와의 말씀에 생기야 사방에서부터 와서 이 사망을 당한 자에게 붙어서 살게 하라 하셨다 하라 10 그 명대로 대언하였더니 생기가 그들에게 들어가매 그들이 곧 살아 일어나서 서는데 극히 큰 군대더라

하나님은 생기에게 죽은 자에게 붙어서 살리라고 합니다. 여자는 속에 생기가 없기에 죽은 자이지만 생기가 붙어 살리는 육체가 된 것입니다. 그런데 죽은 육체를 살린 생기가 떠나면 그 육체는 다시 사망을 당해 두 번 죽은 자가 됩니다.

여자(하나님이 만든 사람)는 속에 생기가 없기에 죽은 육체임

↓

하나님은 생기에게 죽은 육체에 붙어서 살리라고 함	⇒	사람(잠든 영)을 돕는 여자는 생기가 붙어 살리는 육체임
육체를 살린 생기가 떠나면 그 육체는 다시 죽음	⇒	두 번 사망을 당하면 영원한 사망인 불못(둘째 사망)으로 들어감

하나님이 여자를 만들고 아담에게 이끕니다.

아담은 동산에 있기에 아담의 뼈로 만들어진 여자도 동산에 있어야 합니다. 여자는 동산에 있었지만 아담과 함께 있지 않았기에 하나님이 아담에게 이끈 것입니다.

하나님은 사람을 땅에서 만들고 동산으로 인도합니다. 짐승들을 땅에서 만들고 아담에게 이끕니다. 그러나 여자는 동산에 있었지만 아담과 함께 있지 않기에 아담에게 이끈 것입니다.

여자는 동산의 어디에 있던 것일까요? 여자는 아담을 돕는 자이기

에 여자가 일한 곳이 여자가 있는 곳입니다. 그런데 아담은 혼자 동산을 정원으로 만들어야 하기에 동산의 정상을 지키지 못합니다. 그러면 여자는 생명나무와 선악을 알게 하는 나무가 있는 동산의 정상에 있던 것입니다. 하나님은 생명나무와 선악을 알게 하는 나무가 있는 동산의 정상에서 여자를 생기가 살리는 미라(생명이 없는 육체)로 만든 것입니다.

아담은 잠에서 깨어나 육체로 있습니다.

아담(생령)을 깊이 잠들게 하고 미라로 만듭니다. 아담은 깊은 잠에서 깨어나 미라로 있기에 자신이 영임을 알지 못합니다. 아담은 잠에서 깨어난 영이 아니라 육체이기에 자신이 육체에서 잠들어 있는 영임을 알지 못합니다.

생명이 없으면 죽지 않습니다. 아담은 잠에서 깨어난 미라(생명이 없는 육체)입니다. 그런데 무덤에서 잠들어 있던 자가 깨어나 죽지 않는다고 말합니다. 그러면 동산에 있던 아담처럼 속에 생기가 있는 미라(생명이 없는 육체)가 되어야 죽지 않는다고 말하는 것입니다.

아담은 잠에서 깨어나 미라(생명이 없는 육체)로 있음

↓

무덤에서 잠들어 있던 자가 깨어나 죽지 않는다고 말함 ⇒ 동산에 있던 아담은 영이 잠들고 육체가 깨어난 것임

아담처럼 영을 죽이고 육체가 잠에서 깨어나야 죽지 않음 ⇒ 무덤에서 깨어나는 자는 영을 죽이고 육체를 살린 자임

무덤은 죽은 자가 있는 곳임 ⇒ 육체를 살리는 집은 영을 죽이는 자들이 모여 있는 무덤임

동산에서 죽지 않는 육체가 됩니다.

흙으로 만들어진 사람은 우상(죽은 영)이 죽지 않는 생령으로 있는 것입니다. 그리고 흙으로 만들어진 사람이 미라가 되었기에 우상(죽은 영)이 죽지 않는 육체로 있는 것입니다.

흙으로 만들어진 사람이 미라(생명이 없는 육체)가 됨

↓

흙으로 만든 사람은 우상(죽은 영)이 죽지 않는 생령으로 있는 것임	⇒	흙으로 만들어진 사람이 미라가 되었기에 우상(죽은 영)이 죽지 않는 육체로 있는 것임

흙으로 만든 사람은 우상이기에 생령이 우상(죽은 영)을 살리는 것입니다. 그리고 선악을 알게 하는 나무의 열매를 먹지 않았으니 생령이 우상(죽은 영)으로 있으면서 죽지 않으려한 것입니다. 그러나 속으로 죽기를 원하였으니 우상(죽은 영)이 되어 쉬기를 원한 것입니다.

흙으로 만든 사람은 우상이기에 생령이 우상(죽은 영)을 살림

↓

흙으로 만든 사람이 그 열매를 먹지 않았으니 생령이 우상(죽은 영)으로 있겠다고 한 것임	⇒	흙으로 만든 사람이 속으로 죽기를 원하였으니 우상(죽은 영)이 되어 쉬기를 원함

우상(흙으로 만들어진 사람)이 미라(생명이 없는 육체)가 되면 죽은 영이 육체를 살리는 것입니다. 그리고 선악을 알게 하는 나무의 열매를 먹지 않으면 우상(죽은 영)이 미라(생명이 없는 육체)로 있으면서 죽지 않으려한 것입니다.

여자(하나님의 형상)는 죽은 하나님의 모습이고 고아입니다.

여자는 하나님이 만든 사람이기에 하나님이 살려야 합니다. 그런

데 여자는 고아이기에 하나님은 자신이 만든 사람을 살리지 않습니다. 그러면 사람(일하지 않는 영)을 돕는 여자는 하나님의 마음에 들려고 일하는 가엾은 고아입니다.

여자(하나님의 형상)는 죽은 하나님의 모습이고 고아임

↓

여자는 하나님이 만든 사람이기에 하나님이 살려야함 ⇒ 여자는 고아이기에 하나님은 자신이 만든 사람을 살리지 않음

사람을 돕는 여자는 하나님의 마음에 들려고 일하는 가엾은 고아임 ⇒ 여자는 사람(아버지를 떠나 고아가 된 아들)을 죽여 하나님의 마음에 들려는 가엾은 고아임

고아는 누구의 양자가 되든 상관이 없습니다.

고아는 하나님의 아들이나 아버지의 아들이 될 수 있습니다. 자신만 살아 있는 영이라는 하나님은 고아를 죽이지만 아버지는 영을 살리기에 고아를 살립니다. 고아인 사람이 살아 있는 영이 되려면 아버지의 아들이 되기를 간절히 원하여야 합니다.

고아는 누구의 양자가 되든 상관이 없음

↓

자신만 살아 있는 영이라 말하는 하나님은 고아의 영을 죽임 ⇒ 아버지는 영을 살리기에 고아의 영을 살림

의인(악에서 떠난 하나님의 종)이나 하나님의 아들이 되기를 원하면 영을 죽여야 함 ⇒ 살아 있는 영이 되기를 원하면 마음으로 아버지의 아들이 되기를 간절히 원하여야 함

•

창세기 2:23 아담이 가로되 이는 내 뼈 중의 뼈요 살 중의 살이라 이것을 남자에게서 취하였은즉 여자라 칭하리라 하니라 24 이러므로 남자가 부모를 떠나 그 아내와 연합하여 둘이 한 몸을 이룰지로다

아담은 여자를 내 뼈 중의 뼈요 살 중의 살이라고 말함

↓

하나님이 아담을 위하여 여자를 만들었다고 말함 ⇒ 남자가 여자와 연합하여 한 몸이 되려면 부모를 떠난 고아가 되어야함

하나님은 자신을 위하여 사람을 돕는 여자를 만들겠다한 것입니다. 아담이 자신을 위하여 여자를 만들었다고 말하면 잠에서 깨어난 것이 아닙니다. 아담은 잠에서 깨어났지만 하나님의 말에 취하여 정신을 차리지 못한 것입니다.

하나님은 자신을 위하여 사람(생령)을 돕는 여자를 만든 것임

↓

아담은 자신을 위하여 여자를 만들었다고 함 ⇒ 아담은 잠에서 깨어났지만 하나님의 말에 취하여 정신을 차리지 못한 것임

여자와 연합하여 한 몸이 되면 하나님을 위하여 일하는 육체와 하나가 됩니다. 하나님을 위하여 일하는 육체와 한 몸이 되면 하나님을 위하여 일하는 영이 되어야 됩니다. 그러면 자신만 살아 있는 영이라는 하나님을 위하여 죽은 영이 되라는 것이기에 잠에서 깨어나 정신을 차리지 못하고 헛소리를 한 것입니다.

1. 누가 24:39 영은 살과 뼈가 없으되

영에게는 뼈와 살이 없습니다. 여자에게 내 뼈 중의 뼈요 살 중의 살이라 말하면 나는 육체라고 한 것입니다. 아담은 잠에서 깨어났지만 자신을 영이 아닌 육체라고 하였기에 하나님의 말에 취하여 있는 것입니다.

영에게는 뼈와 살이 없음

↓

여자에게 내 뼈 중의 뼈요 살 중의 살이라고 함	⇒	아담은 잠에서 깨어나 자신도 여자처럼 육체라고 말함
아담은 자신이 숨을 쉬면서 살아 있는 영임을 모름	⇒	아담은 잠에서 깨어나 영이 아닌 육체라고 말하기에 하나님의 말에 취하여 잠에서 깨어나지 못한 것임

하나님의 말에 취하면 잠들기 전에 있었던 일을 알지 못합니다.

자신에게 있었던 일과 자신이 한 일을 알지 못하면 깊음(깊은 잠)에서 벗어나지 못합니다. 아담은 깊음(깊은 잠)에 있으면서 잠에서 깨어났다고 헛소리를 한 것입니다.

하나님의 말에 취하면 잠들기 전에 있었던 일을 알지 못함

↓

잠들기 전에 있던 일을 알지 못하면 의미가 없는 말을 한 것임	⇒	아담은 하나님의 말에 취하여 헛된 일을 한 것임

남자(아담)와 여자는 피가 없는 육체입니다.

레위기 17:11 육체의 생명은 피에 있음이라

피는 육체의 생명입니다. 피가 없는 육체는 생명이 없기에 죽지 않습니다. 미라는 피(육체의 생명)가 없는 육체이기에 죽지 않아야 합니다.

미라가 살아 있으면 피(생명)가 없는 육체가 살아 있는 것입니다. 아담과 여자는 피(생명)가 없지만 살아 있는 육체입니다. 그리고 아담은 하나님의 말에 취하여 자신은 피(생명)가 없기에 죽지 않는 육체라 한 것입니다.

육체의 생명은 피에 있음

↓

미라는 피(육체의 생명)가 없음	⇒	미라는 죽지 않음
미라가 살아 있으면 생명이 없기에 죽지 않는 육체임	⇒	아담은 생명이 없기에 죽지 않는 육체라고 헛소리를 한 것임

2. 남자는 부모를 떠나 그 아내와 연합하라고 말합니다.

그 아내는 사람을 돕는 배필입니다. 사람을 돕는 여자와 연합하려면 부모를 떠나 고아가 되어야 합니다.

그 아내는 사람(잠든 영)을 돕는 배필임

↓

그 여자와 연합하려면 고아가 되어야함	⇒	사람(잠든 영)을 돕는 여자와 연합하려면 영을 살리지 않는 고아가 되어야함

남자가 육체의 부모를 떠나면 자신은 육체가 아니라고 하는 것입니다. 사람(잠든 영)을 돕는 여자와 연합하는 남자는 육체가 아니라면서 일하지 않는 영으로 있는 자입니다.

남자가 육체의 부모를 떠나면 자신을 육체가 아니라고 함

↓

사람(잠든 영)을 돕는 여자와 연합하려면 육체가 아니라고 하여야함	⇒	육체가 아니라면서 일하지 않는 영이 되어야함

여자와 연합하려면 부모를 떠나 여자에게 가라고 말합니다.

하나님은 여자를 아담에게 이끌었지만 남자가 부모를 떠나 여자에게 갑니다. 그러면 여자가 아담에게 온 것이 아니라 아담이 여자에게 간 것입니다. 그리고 여자는 동산의 정상에 있기에 여자가 아담의 머리로 있던 것입니다.

여자는 아담을 돕는 자이지만 아담이 여자에게 갑니다. 아담이 여자를 찾아가면 여자가 동산의 주인으로 있는 것입니다. 여자는 아담과 함께 일하지 않고 동산에서 일하는 아담을 감독하는 일을 한 것입니다.

하나님이 아담(일하지 않는 영)을 돕는 자로 여자를 만듦

↓

아담이 여자에게 감 ⇒ 여자가 동산의 주인으로 있는 것임

여자는 동산의 정상에 있으면서 아담과 함께 일하지 않음 ⇒ 여자는 동산에서 일하는 아담을 감독하는 일을 한 것임

여자가 아담과 함께 일하지 않으면 하나님은 배필을 만들어주겠다는 달콤한 말로 취하게 한 것입니다.

우리는 달콤한 하나님의 말에 취하여 깊은 잠에 빠져 있는 영입니다. 하나님은 달콤한 말로 영을 죽이는데 우리는 하나님의 말에 취하여 하나님을 위하여 죽기를 원하고 있는 것입니다.

하나님은 달콤한 말로 취하게 함

↓

우리는 하나님의 말에 취하여 깊은 잠에 빠져 있는 영임 ⇒ 하나님은 달콤한 말로 영을 죽이려고 꾐

우리는 하나님의 말에 취하여 ⇒ 잠에서 깨어나 깨어있으려면

하나님을 위하여 죽기를 원함	하나님의 말에서 깨어나야 함

남자가 여자와 하나가 되면 흙으로 만든 한 사람이 됩니다.

남자가 여자와 하나가 되면 육체이기에 생령이 아니라 흙으로 만든 우상이 됩니다. 그러면 우리에게 사람(잠든 영)을 돕는 여자와 연합하여 아담처럼 우상(죽은 영)이 되라한 것입니다.

남자와 여자가 하나가 되면 한 사람이 됨

↓

남자와 여자는 육체이기에 생령이 아니라 흙으로 만든 우상이 됨	⇒	우리에게 사람(잠든 영)을 돕는 여자와 연합하여 아담처럼 우상(죽은 영)이 되라고 말한 것임

하나님(빛의 영)이 빛을 빛(낮)과 어둠(밤)으로 만듭니다.

낮(빛)과 밤(어둠)이 하나가 되면 태초에 있던 빛이 아니라 저녁과 아침이 됩니다. 하나님(빛의 영)은 생령인 한 사람을 남자(잠든 영)와 여자(육체)로 만듭니다. 남자(잠들어 일하지 않는 영)와 여자(육체)가 하나가 되면 생령이 아니라 우상(죽은 영)이 됩니다.

아담과 여자가 하나가 되면 여자는 잠든 영이 있는 몸이 됩니다. 사람(잠든 영)을 돕는 여자(육체)가 주인이 되고 아담(일하지 않는 영)은 종이 됩니다. 그러면 우리에게 사람(잠든 영)을 돕는 여자와 하나가 되라한 것은 육체(여자)를 살리는 영이 되라한 것입니다.

아담은 깊이 잠든 영이고 여자는 육체임

↓

아담과 여자가 하나가 되면 여자는 잠든 영이 있는 몸이 됨	⇒	아담과 여자가 하나가 되면 아담은 주인으로 있지 못함
아담과 여자가 하나가	⇒	우리에게 사람(잠든 영)을 돕는 여자

되면 육체가 일하지 않는 영의 주인이 됨	와 하나가 되라한 것은 육체(여자)를 살리는 영이 되라한 것임

동산의 정상에는 생명나무와 선악을 알게 하는 나무가 있고 여자가 지킵니다. 여자는 동산을 지키고 아담은 여자의 집이 된 동산(하나님의 집)에서 일한 것입니다.

하나님은 자신을 위하여 여자를 만들고 아담에게 보낸 것입니다.

여자(하나님을 위하여 일하는 종)를 위하여 육체의 부모를 떠나라고 말합니다. 육체의 부모를 떠나 여자(하나님이 보낸 자)를 위하여 일하는 고아가 되라고 말합니다. 그런데 아담은 잠에 취하여 있으니 꿈에서 생기로 있는 생령(하나님의 모습)인 하나님의 아들로 있던 것입니다. 그러면 육체의 부모를 떠나 여자(하나님을 위하여 일하는 자)의 남편인 하나님의 아들이 되라고 말한 것입니다.

하나님은 자신을 위하여 여자를 만들고 아담에게 보낸 것임

↓

여자(하나님을 위하여 일하는 종)를 위하여 육체의 부모를 떠나라고 말함	⇒	육체의 부모를 떠나 여자(하나님이 보낸 자)를 위하여 일하는 고아가 되라고 말함
아담은 잠에 취하여 꿈에서 생기로 있는 생령(하나님의 모습)인 하나님의 아들로 있던 것임	⇒	육체의 부모를 떠나 여자(하나님을 위하여 일하는 자)의 남편인 하나님의 아들이 되라한 것임

여자(하나님이 보낸 자)와 연합하려면 집이 있어야 합니다.

부모를 떠나 여자(하나님을 위하여 일하는 자)와 연합하려면 하나님의 집을 만들어야 합니다. 그러면 부모를 떠나 여자(하나님이 보낸 자)를 위하여 하나님의 집을 만들라고 한 것입니다.

여자(하나님이 보낸 자)와 연합하려면 집이 있어야 함	
↓	
여자(하나님을 위하여 일하는 자)를 위하여 하나님의 집을 만듦	⇒ 하나님을 위하여 사람(잠든 영)을 돕는 여자(하나님의 종)가 주인으로 있는 하나님의 집을 만들라고 말한 것임

그리고 여자와 연합하려면 여자의 집으로 들어가야 합니다.

부모를 떠나 여자의 집으로 들어가면 여자(하나님이 보낸 자)의 종이 되어야 합니다. 부모를 떠나 여자의 집으로 들어가면 여자(하나님을 위하여 일하는 자)를 주인(하나님)으로 섬기는 고아가 되어야 합니다.

여자는 하나님이 없는 하나님의 집에서 주인으로 있음	
↓	
부모를 떠나 여자와 연합하려면 여자의 집으로 들어가야 함	⇒ 부모를 떠나 교회(성전)로 들어가면 여자(하나님을 위하여 일하는 자)를 주인(하나님)으로 섬기는 고아가 됨

3. 예수는 비유로 자신을 먹으라고 말합니다.

요한복음 6:53 인자의 살을 먹지 아니하고 인자의 피를 마시지 아니하면 너희 속에 생명이 없느니라 54 내 살을 먹고 내 피를 마시는 자는 영생을 가졌고 마지막 날에 내가 그를 다시 살리리니 55 내 살은 참된 양식이요 내 피는 참된 음료로다 56 내 살을 먹고 내 피를 마시는 자는 내 안에 거하고 나도 그 안에 거하나니 57 살아계신 아버지께서 나를 보내시매 내가 아버지로 인하여 사는 것같이 나를 먹는 그 사람도 나로 인하여 살리라 58 이것은 하늘로서 내려온 떡이니 조상들이 먹고도 죽은 그것과 같지 아니하여 이 떡을 먹는 자는 영원히 살리라

예수는 아버지의 아들이고 인자는 사람의 아들입니다. 예수는 인자(사람의 아들)가 아니지만 자신을 먹으라고 말합니다. 예수는 육체가 아닌 영을 살리라 하였지만 자신에게 육체가 사는 것을 구하기에 "나의 피와 살을 먹고 영원히 살라"고 비유로 말한 것입니다.

예수는 아버지의 아들이고 인자는 사람의 아들임

↓

예수는 육체가 아닌 영을 살리라고 말함	⇒	인자는 사람의 아들이기에 사람은 육체라고 말한 것임
예수는 자신을 영이라고 말함	⇒	예수는 자신에게 육체가 사는 것을 구하기에 자신의 살과 피를 먹으라고 비유로 말함
영은 살이 없기 에 피도 없음	⇒	예수는 나에게 육체가 사는 것을 구하면 헛되기에 죽어야 한다고 비유로 말한 것임

사람의 살과 피를 먹으면 식인종이면서 미치고 귀신들린 자이고 짐승입니다. 그러면 예수는 육체가 사는 것을 구하는 자들에게 "너희는 미치고 귀신들린 자이고 짐승(육체가 된 하나님의 아들)이다"고 비유로 말한 것입니다.

인자는 여자의 후손이 아니라 사람의 아들입니다.

여자의 후손은 여자처럼 되고 사람의 아들은 사람처럼 됩니다. 그런데 여자는 아담(사람)을 돕는 배필이기에 아담(사람)의 아내입니다. 그러면 사람의 아들은 아담처럼 여자(하나님이 보내 자)의 남편인 하나님의 아들이 된 사람으로 계속 말씀드리겠습니다.

인자는 여자의 후손이 아니라 사람의 아들임

↓

여자의 후손은 여자처럼 되고 ⇒ 여자는 아담(사람)을 돕는 배

사람의 아들은 사람처럼 됨		필이기에 아담(사람)의 아내임
사람의 아들은 아담처럼 여자	⇒	사람의 아들은 육체의 부모를
(하나님이 보내 자)의 남편인		떠나 아담처럼 여자(하나님이
하나님의 아들이 된 사람임		보낸 자)의 남편이 된 사람임

인자(아담처럼 된 자)의 살과 피를 먹지 않으면 너희 속에 생명이 없다고 말합니다.

아담은 살과 피(생명)가 있는 육체가 됩니다. 그런데 아담은 하나님에게서 생기를 받았기에 생기가 살리는 육체입니다. 그러면 육체가 사는 것을 구하는 자들에게 인자(아담처럼 된 자)의 살과 피(육체의 생명)를 먹으라고 말한 것은 아담처럼 생기로 있는 육체인 미라가 되라고 비유로 말한 것입니다.

인자(사람의 아들)는 아담처럼 된 자임

↓

인자의 살과 피를	⇔	인자의 살과 피를 먹지 않으면 너희 속에
먹으라고 말함		생명이 없다고 말함
인자의 살과 피를 먹지 않으면	⇔	육체를 살리려면 속에 생기가
속에 생기가 없다고 말한 것임		있어야 한다고 말한 것임
아담처럼 생기가 있는 육체가	⇔	육체가 사는 것을 구하면 생기로
되어야 죽지 않는다한 것임		있는 미라가 된다고 말한 것임

창세기 9:5 내가 반드시 너희 피 곧 너희 생명의 피를 찾으리니 짐승이면 그 짐승에게서, 사람이나 사람의 형제면 그에게서 그의 생명을 찾으리라 / 에스겔 3:18 내가 그 피 값을 네 손에서 찾을 것이고

생명의 피란 육체를 살리는 생명입니다. 생명의 피를 찾으면 육체가 살아 있는 값을 찾는 것입니다. 하나님은 육체가 살아 있는 피(생명)의 값을 받겠다고 말합니다.

생명의 피란 육체를 살리는 생명임

↓

생명의 피를 찾으면 육체가 살아 있는 값을 찾는 것임 ⇒ 하나님은 육체가 살아 있는 값을 받는 자임

육체의 생명이 누구의 것인지 찾아 그 값을 받겠다고 말합니다. 그런데 피(육체의 생명)의 값을 치르려면 죽어야 합니다.

하나님은 육체의 생명이 누구의 것인지 찾는 자임

↓

하나님은 육체가 살아 있는 값을 받는 자임 ⇒ 피를 먹은 자가 그 값을 치르려면 하나님에게 죽임을 당하여야 함

자신의 생명을 위하여 손에 피(육체의 생명)를 묻히는 것입니다.

피(육체의 생명)를 묻히면 하나님은 생명으로 그 값을 받습니다. 생명으로 그 값을 받으면 하나님은 빼앗은 생명으로 살아 있는 영입니다. 하나님은 자신을 살리려고 생명을 죽이기에 악한 영입니다. 그리고 피의 값을 치른 자는 피(육체의 생명)가 없는 미라가 되기에 하나님에게 죽임을 당하면서 영원히 죽지 못합니다.

피(육체의 생명)를 묻히면 하나님은 생명으로 그 값을 받음

↓

생명으로 값을 받으면 하나님은 빼앗은 생명으로 사는 영임 ⇒ 하나님은 자신을 살리려고 생명을 죽이기에 악한 영임

피의 값을 치르면 피(육체의 생명)가 없는 미라가 됨 ⇒ 하나님에게 피(생명)의 값을 치르는 육체가 되면 하나님에게 죽임을 당하면서 영원히 죽지 못하는 고통을 당함

예수를 성령으로 잉태되어 성령이 충만한 육체라고 말합니다.

성령으로 잉태되면 그 육체는 뼈에 성령이 들어가 살이 나온 것입니다. 예수의 살을 먹으면 성령을 먹는 것이기에 육체로 있는 성령이 됩니다.

성령이 충만한 육체는 성령이 살리는 육체입니다. 성령이 충만한 육체를 살리는 생명은 성령입니다. 예수의 피를 마시면 육체의 생명을 먹는 것이기에 성령이 살리는 육체가 됩니다.

예수의 살과 피를 먹으면 육체로 있는 성령이 되고 성령이 살리는 육체가 됩니다. 그러면 예수는 자신의 살과 피를 먹으라면서 성령은 생기라고 비유로 말한 것입니다.

예수는 육체의 영생을 구하는 자들에게 자신을 먹으라고 말함

↓

예수의 살	⇔	예수의 피
성령이 육체가 됨	⇔	성령이 육체를 살리는 생명으로 있음
예수의 살을 먹으면 육체로 있는 성령이 됨	⇔	예수의 피를 마시면 성령이 살리는 육체가 되기에 성령은 생기임

예수는 영을 살리지 않고 육체의 영생을 구하는 자들에게 자신의 살과 피를 먹으라고 비유로 말합니다. 예수는 육체의 영생을 구하는 자들에게 "너희는 성령(생기)으로 있는 미라가 되기를 원한다"고 비유로 말한 것입니다.

4. 예수의 살과 피를 먹으면 마지막 날에 다시 살린다고 말합니다.

다시 살리려면 죽어야 하기에 예수의 살과 피를 먹으면 죽어야 합니다. 예수의 살과 피를 먹으면 반드시 죽기에 "육체가 영원히 사는

것을 구하지 말라"고 비유로 말한 것입니다.

예수는 마지막 날에 다시 살리겠다고 말함

↓

다시 살리려면 죽어야 함 ⇒ 살과 피를 먹으면 반드시 죽음

예수의 살과 피를 먹으면 영생을 가졌지만 마지막 날에 살린다고 말합니다. 죽은 자가 마지막 날에 다시 살아나면 영원히 죽지 않고 살아 있게 됩니다. 그러면 예수는 "나의 살과 피를 먹으면 마지막 날에 살아나 영원히 그 값을 치러야 한다"고 비유로 말한 것입니다.

예수의 살과 피를 먹으면 영생을 가지고 마지막 날에 살아남

↓

죽은 자가 마지막 날에 살 ⇒ 예수의 살과 피를 먹으면 죽지
아나면 영원히 죽지 않음 않고 영원히 그 값을 치러야함

예수와 형제이면 같은 아버지를 둔 아들입니다.

예수의 살과 피를 먹으려면 예수를 죽여야 합니다. 영원한 생명을 위하여 예수를 죽이면 아버지가 결코 용서하지 않기에 영원히 천국(아버지 나라)으로 들어가지 못합니다. 예수를 죽이면 천국(아버지 나라)으로 들어가지 못하기에 허공(하나님 나라)에서 영원히 꺼지지 않는 불에 태워져야 합니다.

예수의 살과 피를 먹으려면 예수를 죽여야 함

↓

영생하려고 예수를 죽이면 ⇒ 영원히 천국(아버지의 나라)으로
아버지가 용서하지 않음 들어가지 못함

허공(하나님의 나라)에서 영원 ⇒ 예수는 육체가 영생하기를
히 꺼지지 않는 불에 태워짐 원하지 말라고 말한 것임

마지막 날에 다시 살아나려면 죽어야 합니다.

예수는 육체가 아닌 영을 살리면 마지막 날에 살아 있는 영이 된다고 말한 것일까요? 아니면 육체가 죽고 바로 살아 있는 영이 되어 천국(아버지의 나라)으로 들어간다고 말한 것일까요? 그런데 자신을 살리지 않았기에 죽는 것입니다. 그러면 마지막 날에 다시 살아나는 자는 영을 살리지 않고 죽은 자입니다.

죽어야 마지막 날에 다시 살아남

↓

자신을 살리지 않 ⇒ 영을 살리지 않고 죽은 자가 마지막 날에
았기에 죽는 것임　　다시 살아나는 것임

마지막 날은 심판하는 날입니다.

다시 살아난 자는 영을 살리지 않고 죽은 것에 대하여 심판을 받아야 합니다. 그러면 마지막 날에 다시 살아난 자는 영을 살리지 않은 것에 대하여 심판을 받고 다시 죽어야 하기에 영원한 사망으로 들어갑니다.

마지막 날은 심판하는 날임

↓

다시 살아난 자가 영을 ⇒ 마지막 날에 다시 살아나면 영을 살
살리지 않고 죽은 것에　　리지 않은 것에 대하여 심판을 받고
대하여 심판을 받음　　　다시 죽기에 영원한 사망으로 들어감

마지막 날에 다시 살아나면 심판을 받고 다시 죽기에 두 번 죽게 됩니다.

마지막 날에 다시 살아나면 영원한 사망인 불못(둘째 사망)으로 들어가야 합니다. 그러면 예수는 마지막 날에 다시 살아나기를 원하지 말고 육체가 아닌 영을 살려 아버지에게 돌아가라고 비유로 말한 것

입니다.

마지막 날에 다시 살아나면 심판을 받고 두 번 죽은 자가 됨

↓

마지막 날에 다시 살아나면 영원한 사망인 불못(둘째 사망)으로 들어감	⇒	마지막 날에 다시 사는 것을 원하지 말고 육체가 아닌 영을 살려 아버지에게 돌아가라고 말한 것임

5. 내 살은 참된 양식이고 내 피는 참된 음료라고 말합니다.

양식은 살려고 먹는 음식입니다. 참된 양식은 먹어도 죽지 않지만 거짓 양식은 독과 같기에 먹으면 죽습니다. 예수는 육체가 아닌 영을 살리라고 말하기에 참된 양식은 육체가 아닌 영을 살립니다. 참된 양식은 영을 살리고 죽지 않게 하기에 하늘에서 살아 계신 아버지가 준 숨결입니다.

참된 양식은 육체가 아닌 영을 살림

↓

영을 살리면 숨을 쉬면서 살아 있는 영이 됨	⇒	참된 양식은 영을 살리기에 하늘에서 살아 계신 아버지가 준 숨결임

거짓 양식은 육체를 살리고 영을 죽입니다.

육체를 살리는 양식은 생명나무 열매입니다. 그러면 예수는 "하나님에게 생명나무 열매를 구걸하지 말라"한 것입니다. 그리고 영을 죽이는 양식은 허공(아버지가 없는 하늘)에서 살아 있는 하나님이 준 생기입니다.

거짓 양식은 육체를 살리고 영을 죽인다고 비유로 말함

↓

거짓 양식은 독이기에 먹으면 반드시 죽어야 함	⇒	육체를 살리려고 생명나무로 가지 말라고 말한 것임
하나님이 생기를 주고 사람을 생령으로 만들었다 함	⇒	영을 죽이는 양식은 하나님이 주는 생기라고 말한 것임

참된 음료를 마시면 갈증에서 벗어납니다.

술(잠)에 취한 자가 거짓 음료를 마시면 머리만 아프고 깨어나지 못합니다. 그러나 술(잠)에 취한 자가 참된 음료를 마시면 정신을 차리고 깨어납니다.

그런데 예수는 정신을 차리고 깨어있으라고 말합니다. 하나님의 말에 취하여 시험에 들어 깊은 잠에 빠졌으니 잠에서 깨어나려면 정신을 차려야 합니다. 하나님의 말에 취한 우리가 정신을 차리려면 아버지의 뜻을 알아야 하기에 참된 음료란 예수가 가르쳐준 진리(하늘에서 살아 계신 아버지)의 말씀입니다.

예수는 정신을 차리고 깨어있으라고 말함

↓

술(잠)에 취한 자가 거짓 음료를 마시면 머리만 아프고 깨어나지 못함	⇒	참된 음료를 마시면 정신을 차리고 깨어남
하나님의 말에 취하여 깊은 잠에 빠졌으니 잠에서 깨어나려면 정신을 차려야함	⇒	참된 음료란 예수가 가르쳐준 진리(하늘에서 살아 계신 아버지)의 말씀임

이것은 하늘에서 내려온 떡이니 조상들이 먹고 죽은 그것과 같지 아니하여 이 떡을 먹는 자는 영원히 산다고 말합니다.

조상들은 만나를 먹었지만 살지 못하고 죽었다고 말합니다. 죽지 않으려고 만나를 먹었으니 만나는 생명나무 열매와 같은 것입니다.

그리고 예수는 육체가 아닌 영을 살리라고 하였기에 만나를 먹고 영도 죽었다고 말한 것입니다.

하늘은 아버지의 집입니다. 참된 양식과 참된 음료는 아버지의 집에서 내려온 떡입니다. 아버지의 집에서 내려온 참된 양식과 참된 음료를 먹으면 죽지 않기에 천국에서 영원히 사는 영이 됩니다.

참된 양식과 참된 음료를 먹으면 영을 죽이거나 육체를 살리려고 거짓 양식과 거짓 음료를 구걸하지 않게 됩니다. 참된 양식과 참된 음료는 아버지가 주기에 아버지의 뜻을 구하면 하늘에서 영원히 살아 있는 영으로 있게 됩니다. 그러나 거짓 양식과 거짓 음료는 만나처럼 허공에서 내려오기에 정신을 차리지 못하면 아버지가 없는 허공(하나님의 집)에서 영원히 죽지 못하는 영으로 있게 됩니다.

내가 아버지로 인하여 사는 것같이 나를 먹는 사람은 나로 인하여 살 것이라고 말합니다.

아버지로 인하여 살면 아버지가 살립니다. 예수로 인하여 살면 예수가 살립니다. 예수는 "나를 죽이면 아버지가 살리지 않는다"고 비유로 말한 것입니다. 예수는 "나를 죽이고 나로 인하여 살려고 하면 아버지가 살리지 않는다"고 비유로 말한 것입니다.

아버지로 인하여 살면 하늘에서 살아 계신 아버지가 살림

↓

예수로 인하여 살면 ⇒ 예수는 나로 인하여 살려고 하면 아버
예수가 살려야함 지가 살리지 않는다고 말한 것임

나를 죽이면 아버지가 ⇒ 나로 인하여 살려고 나를 죽이면 아버
살리지 않는다고 말함 지가 살리지 않는다고 말함

아버지로 인하여 살면 아들입니다.

예수는 아버지가 살리는 아들이지만 예수(아들)가 살리는 자는 고아이기에 아버지가 살리지 않습니다. 예수는 나로 인하여 살려고 하면 고아가 되어 아버지가 없는 허공(하나님의 집)에서 살아 있게 된다고 비유로 말한 것입니다.

아버지는 아들을 살림

↓

아들(예수)이 살리는 자는 ⇒ 예수가 살리는 자는 고아이기에

아버지가 없기에 고아임　　아버지가 살리지 않음

고아는 아버지가 없 ⇒ 예수가 살리면 고아가 되기에 아버지가

는 집에 있어야함　　없는 허공(하나님의 집)에서 살아 있게 됨

아버지로 인하여 사는 것은 아버지가 하늘에서 살아 계시기 때문입니다. 하늘에서 살아 계신 아버지가 살리면 숨을 쉬는 영이 됩니다. 하늘에서 살아 계신 아버지가 살리면 천국(아버지의 나라)에 있게 됩니다.

아버지가 아들을 살리는 것은 하늘에서 살아 계시기 때문임

↓

살아 계신 아버지가 살리면 숨 ⇒ 하늘에서 살아 계신 아버지

을 쉬면서 살아 있는 영이 됨　　가 살리면 천국에 있게 됨

하나님(빛의 영)은 자신의 집에 아버지의 아들(모습)이 있는 것을 원하지 않습니다.

하나님은 자신만 살아 있는 영(아버지의 모습)이라 말하기에 자신의 집에 아버지의 아들(모습)이 있는 것을 원하지 않습니다. 하나님은 허공(아버지가 없기에 빛이 없는 하늘)에서 자신만 살아 있는 영(아버지의 모습)으로 있기에 자신의 집을 밝히는 불(죽은 빛)인 죽은

영(하나님의 모습)이 있기를 원합니다.

하나님(빛의 영)은 허공(아버지가 없는 하늘)의 주인임

↓

하나님은 허공에서 자신만 살아 있는 영(아버지의 모습)으로 있음	⇒	자신의 집을 밝히는 불(죽은 빛)인 생기로 살아 있는 영(하나님의 모습)이 있기를 원함

– 3권에서 계속